中国基础教育高质量发展丛书
总主编◎陈如平

学校德育实践研究

张宁娟◎编著

山东友谊出版社·济南

图书在版编目（CIP）数据

学校德育实践研究 / 张宁娟编著. -- 济南：山东友谊出版社，2022.2
（中国基础教育高质量发展丛书）
ISBN 978-7-5516-2394-0

Ⅰ.①学… Ⅱ.①张… Ⅲ.①中小学－德育工作－研究 Ⅳ.①G631

中国版本图书馆CIP数据核字(2021)第220906号

学校德育实践研究
XUEXIAO DEYU SHIJIAN YANJIU

责任编辑：王　洋
装帧设计：刘洪强

主管单位	山东出版传媒股份有限公司
出版发行	山东友谊出版社
	地址：济南市英雄山路189号　邮政编码：250002
	电话：出版管理部（0531）82098756
	发行综合部（0531）82705187
	网址：www.sdyouyi.com.cn
印　　刷	济南乾丰云印刷科技有限公司

开本：710mm×1 000mm　1/16
印张：12.5　　　　　　　　字数：225千字
版次：2022年2月第1版　　　印次：2022年2月第1次印刷
定价：68.00元

序 言　什么人是道德上接受过教育的人

赫尔巴特认为：道德是人类的最高目的，也是教育的最高目的，教育的目的在于培养有美德的人，培养有完善道德的人，一个人的价值不能用才智来衡量，而要用意志来衡量。赫尔巴特也强调，"没有无教育的教学"。这两句话说明了教育无论从归宿上还是在过程中都与道德有密切的关系，说明了道德之于教育的重要性。党和政府历来高度重视教育特别是德育，把立德树人作为教育的根本任务。国无德不兴、人无德不立，成为社会各界的普遍共识。

"什么人是道德上接受过教育的人？"这个问题是德育领域里的一个根本问题。最早对这个问题给予系统回答的是当代英国教育哲学家、道德教育学家威尔逊[1]。但实际上，古今中外的先贤们都曾经给出过极为形象的答案。譬如，孔子说的"君子"，柏拉图设想的"哲学王"，洛克口中的"绅士"……今天，回答这个问题至少要从三个层面考虑：一是作为有教养的人的层面，即作为人类个体所应具备的一般规定性，譬如诚信、友善等；二是作为有素质的现代公民层面，即作为现代人所应具备的核心素养和关键能力，譬如法治精神、自由平等意识、创新精神等；三是作为时代新人的素质层面，即作为社会主义建设者和接班人所应具备的基本素质，譬如坚定的理想信念、勇担时代大任的能力等。

当下这样的尝试回答与古代先贤们对理想人格的美好追求相比或许还

---

[1] 威尔逊认为，只有具备以下德性的人，才配称为道德上接受过教育的人。一是平等待人的态度，二是理解他者的能力，三是道德认知能力，四是社交技能，五是思考方式，六是将道德判断付诸行动的能力。

略显粗糙，但更具有实践指向性和时代针对性。譬如，在生活中，我们常常会碰见一些有知识、没素质的人。这类人的大量存在就说明了，接受过教育的人并不必然在道德上也毕了业。特别是当前精致利己主义群体的出现，深刻地揭示了正规的学校教育在道德培养上还有短板和盲区。此外，有威信、没知识的人在国民教育普及水平越来越高的现代或许已不多见，但却曾经在我们广袤的农村地区大量存在。很多乡村老者受教育程度不高，却在当地德高望重，成为维持当地社会秩序稳定的重要力量。他们的存在也进一步说明知识并不必然与道德正相关，德性高低更不必然与接受正规教育的程度相关。这也说明，学校教育并不是道德塑造和培养的唯一形式。

一个在道德上接受过教育的人，其德性的养成不仅仅靠学校，更基于家庭和社会的共同参与。回顾新中国成立以来的德育发展，我们看到德育在理念、课程、形式、队伍和资源等方面都取得了可喜成绩，我们已基本构建起了具有中国特色的德育大格局。但与德育的复杂性和重要性相比，与培养能够勇担民族复兴之大任的时代新人的伟大使命相比，学校教育有限的道德影响力还有待持续地充分发挥。

有别于其他综述类或者原理性书籍，本书在写作结构上分德育发展、德育课程、德育活动、德育队伍和德育资源五大部分，这既是对新中国成立以来我国德育事业发展史实的梳理与回顾，也是在着力探索中国特色德育大格局的基本构成要素。回顾发展历史是基础，其背后的理念引领着德育的方方面面，课程是主渠道，活动是基础，队伍是关键，资源是特色，它们集中构成了一个逻辑完整的新发展格局。

德育工作永远在路上，我们一起努力！

是为序。

张宁娟
2020 年 7 月

目录

第一章 德育发展 ·················· *001*

 第一节 上升期（1949年—1965年）：

    培养社会主义新人 ············ *002*

 第二节 停滞期（1966年—1977年）：

    高度政治化 ·················· *008*

 第三节 发展期（1978年—1998年）：

    面向现代化 ·················· *012*

 第四节 繁荣期（1999年至今）：

    追求以人为本 ················ *019*

第二章 德育课程 ·················· *039*

 第一节 专门德育课程 ··············· *040*

 第二节 学科德育课程 ··············· *049*

 第三节 隐性德育课程 ··············· *059*

 第四节 校本德育课程 ··············· *067*

第三章　德育活动 ··· 075
　　第一节　节庆日活动 ································ 076
　　第二节　仪式教育 ···································· 087
　　第三节　共青团、少先队活动 ················ 096

第四章　德育队伍 ··· 109
　　第一节　师德建设 ···································· 110
　　第二节　德育课教师队伍 ························ 126
　　第三节　班主任队伍 ································ 133
　　第四节　兼职德育队伍 ···························· 147

第五章　德育资源 ··· 153
　　第一节　德育资源的发展 ························ 154
　　第二节　德育资源的分类 ························ 159
　　第三节　德育资源的使用 ························ 178

结　语　新时代学校德育工作和德育研究的新气象········ 182

参考文献 ··· 188

后　记 ··· 191

第一章

德育发展

　　1949年,中华人民共和国成立,中国政治、教育、文化各方面的发展都进入了新时代,中国德育事业也迎来了新的发展机遇。纵观新中国成立以来我国德育事业的发展历程,其总体上主要经历了四个阶段,分别为:上升期(1949年—1965年)、停滞期(1966年—1977年)、发展期(1978年—1998年)和繁荣期(1999年至今)。受各历史时期政治、经济和文化等多种因素的影响,70多年来,德育发展整体呈现波动上升的态势。

第一节　上升期（1949年—1965年）：培养社会主义新人

中华人民共和国成立后，百废待兴，教育事业也面临着重要的发展机遇。德育方面，这一时期呈现出缓慢上升的态势，一些德育政策、制度相继出台，如《小学生守则》《中学生守则》。此外，遵循着创办"民族的、科学的、大众的文化教育"这一理念，德育界开始以马克思主义理论为指导，弘扬共产主义道德，培养社会主义新人。具体来看，党和国家大力倡导改革旧文化，提倡新思想；注重健康教育，提倡全面发展；弘扬不怕苦、不怕累的精神，倡导劳动教育，开办了大量半工半读制学校；等等。

一、改造旧思想，提倡新思想，培养爱国主义精神

1949年9月29日，中国人民政治协商会议第一届全体会议一致通过《中国人民政治协商会议共同纲领》，其中规定：中华人民共和国的文化教育为新民主主义的，即民族的、科学的、大众的文化教育。人民政府的文化教育工作，应以提高人民文化水平、培养国家建设人才，肃清封建的、买办的、法西斯主义的思想，发展为人民服务的思想为主要任务。有计划、有步骤地实行普及教育，给青年知识分子和旧知识分子

以革命的政治教育。这为新中国成立后的德育发展方向定下了基调，即遵循民族、科学、大众的理念，改造旧思想。

围绕着思想改造，教育界掀起了学习马克思主义思想的热潮。1951年5月20日，《人民日报》发表毛泽东亲自修改的社论《应当重视电影〈武训传〉的讨论》。全国文教界开展批判《武训传》及"武训精神"的运动，以期达到学习掌握马克思主义观点，对知识分子进行思想改造的目的。同年9月，北京、天津20所高等学校的教师开展以改造思想、改革高等教育为目的的学习运动。9月29日，周恩来总理在京津高校教师学习会上作《关于知识分子的改造问题》的报告。11月30日，中共中央发出《关于在学校中进行思想改造和组织清理工作的指示》。

培养爱国主义精神，推进政策时政教育，是这一时期德育建设的鲜明特点。1950年6月6日，毛泽东在党的七届三中全会上指出，有步骤地谨慎地进行旧有学校教育事业和旧有社会文化事业的改革工作，争取一切爱国的知识分子为人民服务。[1] 同年9月20至29日，教育部、全国总工会联合召开第一次全国工农教育工作会议，提出必须遵循"政府领导、依靠群众组织、各方面配合"的原则，当前工农教育着重以工农干部和积极分子为主要教育对象，根据地区不同，分别以文化教育、政策时事教育为主要内容。

二、关注健康教育，提倡全面发展

健康始终是孩子全面发展的基础。新中国成立初期，党和国家领导人就多次提出要关心学生健康，减轻学习压力，促进全面发展。1950年6月

---

[1] 中共中央文献研究室.毛泽东文集：第六卷[M].北京：人民出版社，1999：71.

19日，毛泽东就健康问题写信给教育部部长马叙伦，要求各校注意健康第一，学习第二。[1] 1953年5月，中共中央政治局召开会议讨论教育工作，会议作出注意青年健康、中小学毕业生参加生产劳动等决定。1965年7月3日，毛泽东在写给陆定一的信中指出：学生负担过重，影响健康，学了也无用。建议从一切活动总量中，砍掉三分之一。[2] 由此可见，这一时期我国对健康教育十分重视。

全面发展的教育思想最早被提出是在1951年教育部召开的第一次全国中等教育会议上。会议强调，要使青年一代在德育、智育、体育、美育等方面获得全面发展，成为新民主主义社会自觉的积极的成员。在这次会议上，德育的重要地位被确立下来，并得以与其他方面的教育相区分，全面发展的思想至今都被广泛认可和倡导。由此可见，新中国成立初期，德育建设是十分受重视的。这些政策和思想的不断提出、丰富和完善，为德育工作的具体开展提供了理论借鉴和依据，也推动了德育实践。

三、提倡吃苦耐劳精神，开展劳动教育

劳动教育在这一时期虽然没有被纳入全面发展教育所提倡的范围内，但其作用在教育界被无限放大，得到了高度重视。开展劳动教育，大办半工半读学校，是这一时期的重要举措。在思想建设方面，国家倡导简朴、奉献、不忘本等美好品质，号召大家向老贫农、老工人、老红军请教。为响应党的号召，许多城镇青年知识分子上山下乡，参加农业生产劳动。这些都成为这一时期德育领域的显著标志。

---

[1] 中共中央文献研究室.毛泽东文集：第六卷[M].北京：人民出版社，1999：83.
[2] 中央教育科学研究所.中华人民共和国教育大事记（1949—1982）[M].北京：教育科学出版社，1984：382.

奠定劳动教育的基调，有文化的劳动者成为教育的目标。1957年2月27日，毛泽东在最高国务会议第十一次（扩大）会议上作《如何处理人民内部的矛盾》的讲话。讲话稿经充分修改后，以《关于正确处理人民内部矛盾的问题》为题，在6月19日《人民日报》公开发表。毛泽东提出"我们的教育方针，应该使受教育者在德育、智育、体育几方面都得到发展，成为有社会主义觉悟的有文化的劳动者"[1]。这一报告为劳动教育的开展提供了政策支持和保障，确立了劳动教育在教育领域的重要地位，使其长期受到高度重视。

号召青年向一线劳动者、革命志士学习。1963年3月5日，《人民日报》发表毛泽东的题词"向雷锋同志学习"。随后，刘少奇、周恩来、朱德、邓小平分别题词号召向雷锋同志学习。由此，全国各级各类学校普遍开展学习雷锋的活动。同年5月8日，毛泽东在东北、河北的两个报告中批示：用讲村史、家史、社史、厂史的方法教育青年群众。此后，全国各级学校广泛开展访贫问苦活动，请老贫农、老工人、老红军作忆苦思甜报告，通过社会调查等办法，对学生进行阶级斗争教育。

开办半工半读、勤工俭学的试点校，并将其作为样板在全国推广。1961年7月30日，毛泽东给江西共产主义劳动大学写信，赞成和支持该校实行半工半读和勤工俭学，希望各省也应该有这样的学校。[2]从此，江西共产主义劳动大学成为全国探索半工半读办学道路的样板之一。1964年7月至8月，刘少奇在向中央各部委和北京市党员干部作报告及在天津、安徽、山东、湖北、广西等地视察时，建议各省、自治区、直辖市试办半工半读学校。1965年3月，教育部召开全国农村半农半读教育会议；10月，

---

[1] 中共中央文献研究室.毛泽东文集：第七卷[M].北京：人民出版社，1999：226.

[2] 中共中央文献研究室.毛泽东文集：第八卷[M].北京：人民出版社，1999：282.

召开全国城市半工半读教育会议。同年12月，高等教育部召开全国半工（农）半读高等教育会议。由此，全国再次掀起试行两种教育制度、大办半工半读学校的热潮。

这一时期的德育理念，其主要目的就是弘扬共产主义道德、培养共产主义新人；其主要方式就是通过改造旧思想、旧制度，学习苏联先进教育理念和制度，完成具有中国特色的德育理念的转变，即强调培养爱国主义精神，提倡全面发展，重视劳动教育等。

【资料】

正确理解雷锋作为社会主义新人的精神内涵

坚定不移的理想和信念是雷锋精神的本质。社会主义新人最本质的特征是对于社会主义的高度认同和衷心拥护。雷锋一生始终坚信："我活着只有一个目的，就是为了实现人类最伟大的理想——共产主义而斗争。"

奉献精神是雷锋精神的核心。无私奉献、乐于助人是社会主义新人的鲜明特征，也是雷锋精神的生动实践表现。雷锋曾经说："我要把有限的生命，投入到无限的为人民服务之中去。"他热爱集体、关心战友、关心群众，把"毫不利己、专门利人"看成是人生最大幸福和快乐，并身体力行。

敬业精神是雷锋精神立足本职的工作态度。社会主义新人不能只是口头的革命派，而要有建设新社会的真本领。雷锋在多个地方、多个行业、多种岗位工作过，他干一行爱一行、专一行精一行，在平凡的岗位上做出了不平凡的事迹。

锐意进取、自强不息的创新精神和艰苦奋斗、勤俭节约的创业精神是雷锋精神的基本特质。雷锋用年轻的生命凝造出一种永远青春的精神，面对困难不退缩、面对艰险永向前、面对挫折不屈不挠。

雷锋是我国进入社会主义时期党和人民哺育的一代社会主义新人的典型代表。社会主义新时代呼唤雷锋这样的新人。

（选编自杨煌《培育一代代社会主义新人》，《学习时报》2018年3月7日）

第二节 停滞期（1966年—1977年）：高度政治化

"文化大革命"的十年及其后的1977年，是我国德育发展的停滞期，甚至在许多方面出现了倒退的现象。德育工作被政治完全控制，德育理念也偏机械化，"左"倾错误思想严重危害了青少年的心理健康，不仅使新中国成立初期刚刚建立的德育制度几乎毁于一旦，还为改革开放后德育工作的开展带来多重困难。

一、多重势力插手中小学管理

1966年5月召开的中共中央政治局扩大会议是"文化大革命"正式发动的标志。"文化大革命"爆发，严重冲击了全国各行各业各个领域的正常秩序和发展。1966年8月8日，党的八届十一中全会根据毛泽东意见通过《中国共产党中央委员会关于无产阶级文化大革命的决定》（简称"十六条"）。"十六条"提出："在这场文化大革命中，必须彻底改变资产阶级知识分子统治我们学校的现象。"这一提法在"文化大革命"中一直为学校进行"斗、批、改"所奉行。

军队插手学校管理，以军事化标准来要求学校师生。1967年3月7日，毛泽东在《天津延安中学以教学班为基础实现全校大联合和整顿巩固发展红卫兵的体会》的材料中批示：军队应分期分批对大学、中学和小学高年级实行军训，并参与关于开学、整顿组织、建立三结合领导机关和实行斗、批、改的工作。这一指示使得专业的教师失去了对学生的德育管理权，取而代之的是军队化的训练、一体化的管理。除此之外，一些高等学校提出了各种各样的"教育革命"方案，进行了名目繁多的"教育革命"试验，全盘否定了新中国成立以来形成的学校教学组织、规章和制度，这种极端做法给我国的德育事业造成了惨重损失。

大批工人毛泽东思想宣传队、贫下中农进驻学校，再加上红卫兵运动和全国大串连，盲目、极端地重创了我国德育事业。1968年8月，遵照毛泽东的指示，各地贫下中农从本月底起陆续向学校派进毛泽东思想宣传队，成立贫下中农管理学校委员会（组），对学校实行管理。这些组织的人员通常没有接受过文化知识教育，也不懂得教育管理，简单、粗暴是他们唯一的手段。

与之相反，大批知识分子被下放到农村，接受再教育，才华得不到真正的施展。1968年7月22日，《人民日报》在一个调查报告[1]编者按语中传达了毛泽东的批示：大学还是要办的。但学制要缩短，教育要革命。要从有实践经验的工人、农民中间选拔学生，到学校学几年后，又回到生产实践中去。1968年12月22日，《人民日报》在编者按语中引述毛泽东的指示："知识青年到农村去，接受贫下中农的再教育，很有必要。"从此，全国各地城镇出现了知识青年上山下乡的热潮。据统计，"文化大革命"期间，全国上山下乡的知识青年有1600多万人。

---

[1] 指《从上海机床厂看培养工程技术人员的道路》的调查报告。

二、"左"倾错误思想危害严重，师道尊严遭严重破坏

1973年12月12日，《北京日报》以《一个小学生的来信和日记摘抄》为题，发表了一个学生在与班主任发生矛盾后根据家长的意思写的信。1974年1月31日，中共中央转发《河南省唐河县马振扶公社中学情况简报》（此文件在1979年被撤销），要求就一个中学生因外语考试未答完考卷，受到老师批评后自杀身亡事件进行严肃处理。由于"四人帮"炮制的这些事件，全国各地的中小学掀起了一股"破师道尊严""批判修正主义教育路线"的浪潮。许多教师遭批斗、下放、开除、判刑，以致许多学校出现了教师不敢管学生、不敢抓文化课教学、不敢进行文化考查的局面，严重地影响了学校的正常教学工作。

阶级斗争严重扩大化，教师成为批斗的对象，农民成为学生学习的榜样。1974年2月，国务院科教组召开教育战线第二次批林批孔座谈会，以此推进正在开展的"批林批孔"运动，在教育界揪斗"复辟势力的代表"。1974年12月21日至28日，国务院科教组、农业部、中共辽宁省委联合召开学习朝阳农学院教育革命经验现场会。会议提出，要使学校真正成为无产阶级专政的工具。此后，全国掀起宣传学习"朝农经验"的浪潮，大搞"阶级斗争"。

三、整顿教育工作，扭转社会风气

1975年5月至10月，教育部部长周荣鑫根据中央领导同志的指示精神，积极整顿教育工作，力争使教育战线上的混乱局面有所扭转。1975年9月23日至10月21日，中共中央在北京召开农村工作座谈会。邓小平在这次座谈会上插话指出："现在相当多的学校学生不读书，这也不符合毛

泽东思想。"[1]他坚定地支持和领导了教育整顿工作。1977年3月5日，教育部印发通知，要求各地教育部门和学校把教育战线学雷锋的运动，既轰轰烈烈又扎扎实实地开展起来，深入持久地进行下去。

批判"两个凡是""两个估计"，教育开始向着科学道路迈进。1977年4月10日，邓小平写信给党中央，针对"两个凡是"的错误观点提出批评。1977年8月4日至8日，邓小平主持召开科学和教育工作座谈会。8日，邓小平在座谈会上发表讲话，否定"两个估计"，邓小平指出教育战线十七年的工作，"主导方面是红线"，绝大多数知识分子取得了很大成绩。[2]1977年9月19日，邓小平与时任教育部部长刘西尧谈话时指出：我们要准确地、完整地理解毛泽东思想的体系。"两个估计"是不符合实际的。教育部要争取主动，放手去抓，大胆去抓。[3]由此教育战线以推翻"两个估计"为突破口，进行拨乱反正，平反冤假错案。

十年"文革"带给中国的是一场灾难。1981年6月，党的十一届六中全会一致通过《关于建国以来党的若干历史问题的决议》。《决议》指出，"文化大革命"不是也不可能是任何意义上的革命或社会进步。它是一场由领导者错误发动，被反革命集团利用，给党、国家和各族人民带来严重灾难的内乱。对教育、对学校德育来说，这十年也是一场灾难。从研究来看，这一时期德育理念主要集中表现在：一是强调阶级性是道德的本质属性；二是强调学校德育的根本任务是培养无产阶级道德，提高学生的社会主义觉悟；三是规定学校德育的内容尽管有多个方面，但核心是阶级观点；四是学校德育工作的主要方法是抓阶级斗争。

---

[1]邓小平.邓小平文选：第二卷[M].北京：人民出版社，1994：37.

[2]邓小平.邓小平文选：第二卷[M].北京：人民出版社，1994：49.

[3]同[2]67-68.

第三节　发展期（1978年—1998年）：面向现代化

改革开放后的二十年是德育发展的高峰时期，这一阶段德育顺应教育事业现代化要求，开始逐步走向科学化。经历了十年浩劫，学校德育的性质和方向被随意改变，"文革"结束后德育观念亟须扭转，德育内容和方法亟须更新。与此同时，改革开放后，经济的繁荣带动了政治、文化的发展，已有的传统德育理念已不适应社会主义市场经济发展变革的需要，亟须现代化。

一、以规范为引导，开展德育工作

1978年3月18日，邓小平在全国科学大会开幕式上讲话指出："四个现代化，关键是科学技术的现代化。"[1]"科学技术人才的培养，基础在教育。"[2]自此，培养现代化科技人才成为教育的目标，以此为中心的德育工作也走向了科学化、规范化。

1979年4月22日至5月7日，教育部在北京召开全国中小学思想政

---

[1] 邓小平.邓小平文选：第二卷[M].北京：人民出版社，1994：86.
[2] 同[1]95.

治教育工作座谈会。会议明确指出，目前中小学思想政治教育的重要内容，就是要对中小学学生集中进行坚持社会主义道路，坚持无产阶级专政，坚持党的领导，坚持马列主义、毛泽东思想的四项基本原则的宣传教育，并结合进行革命理想和共产主义道德品质教育。1981年8月1日至11日，教育部在北京召开全国学校思想政治教育工作会议。会议强调要以《关于建国以来党的若干历史问题的决议》为教材，加强学生的思想政治工作，全面贯彻党的教育方针，积极引导学生德、智、体全面发展，走又红又专的道路。1981年8月26日，教育部印发通知，决定从9月1日起在全国中小学执行《小学生守则》和《中学生守则》。教育部通过制定中小学生守则，来规范细化德育内容。1982年5月，教育部发布《全日制五年制小学思想品德课教学大纲（试行草案）》。这是新中国成立以来第一个思想品德课教学大纲。1985年3月7日，邓小平在全国科技工作会议上发表重要讲话，指出："我们在建设具有中国特色的社会主义社会时，一定要坚持发展物质文明和精神文明，坚持五讲四美三热爱，教育全国人民做到有理想、有道德、有文化、有纪律。"[1] 1986年9月28日，党的十二届六中全会作出《中共中央关于社会主义精神文明建设指导方针的决议》。《决议》指出：精神文明建设包括思想道德建设和教育科学文化建设两个方面。社会主义精神文明建设的根本任务，是适应社会主义现代化建设的需要，培育有理想、有道德、有文化、有纪律的社会主义公民，提高整个中华民族的思想道德素质和科学文化素质。1988年12月25日，中共中央印发《关于改革和加强中小学德育工作的通知》，要求中小学校必须把德育工作放在重要位置。1992年3月，国家教委印发《全日制中学思想政治课教学大纲（试用稿）》。与此同时，按照新编大纲组织编写新教材，新教材经

---

[1] 邓小平. 邓小平文选：第三卷［M］. 北京：人民出版社，1993：110.

审定出版，供全国中小学各年级使用。1993年3月，国家教委颁发《小学德育纲要》。1994年8月31日，中共中央印发《关于进一步加强和改进学校德育工作的若干意见》，对新时期学校德育工作提出具体要求。这一《意见》成为加强和改进学校德育工作的行动指南。1997年4月，国家教委印发《九年义务教育小学思想品德课和初中思想政治课课程标准（试行）》。

总体看，这一时期，德育政策频繁出台，目的就在于明确德育方向，规范德育工作。

二、以爱国主义为重点，德育内容得到不断丰富

在改革开放初期，随着东西方文化的不断冲击，弘扬爱国主义，开展爱国主义教育就显得尤为重要。1989年12月11日，江泽民在给北京医科大学学生的回信中指出："青年中有一大批热爱共产党、热爱社会主义，决心为共产主义事业而献身的人，他们代表了当代青年的主流。"[1]

1990年4月12日至16日，中共中央组织部、中共中央宣传部、中共国家教委党组联合在北京召开第一次全国高等学校党的建设工作会议。江泽民接见全体代表并与部分代表进行座谈，要求对青年学生进行近代史教育、国情教育、形势教育，对青年学生要热情关怀。

1990年5月3日，江泽民在首都青年纪念五四报告会上作《爱国主义和我国知识分子的使命》的重要讲话，强调在新的历史条件下继承和发扬爱国主义传统，并阐述了知识分子在社会主义现代化建设中的使命。[2]

1991年3月9日，江泽民致信国家教委负责人李铁映、何东昌，就对

---

[1] 年轻一代心是纯洁的 主流是好的[N].中国教育报，1989-12-19（1）.
[2] 江泽民.江泽民文选：第一卷[M].北京：人民出版社，2006：120-133.

青少年儿童进行中国近代史、现代史、国情教育问题作出指示。为落实江泽民的指示，国家教委颁发了《中小学加强中国近代、现代史及国情教育的总体纲要》。加强中国近代史、现代史及国情教育，一时间成为提高我国社会公民素质的一项基础性教育，也成为在全社会开展爱国主义教育的重要内容。

1994年8月23日，中共中央印发《爱国主义教育实施纲要》。《纲要》指出，爱国主义教育是全民教育，重点是广大青少年。学校是对青少年进行教育的重要场所，要把爱国主义教育贯穿到幼儿园直至大学的教学、育人全过程中去，特别要发挥好课堂教学主渠道的作用。爱国主义教育的地位得到进一步提升，爱国主义教育的作用得到进一步强调。国家教委等单位还在全国中小学开展了观看一百部爱国主义教育影片、阅读一百种爱国主义教育图书、建立一百个爱国主义教育基地和学唱一百首爱国主义歌曲等活动。爱国主义教育的形式也更加灵活多样。

三、研究走向科学化，德育成为专门学科

对任何一门学问的研究，都应从其基本概念出发，德育研究也不例外。改革开放后，对"德育"概念的规范化界定成为重要课题，许多专家学者也有过诸多论述。1989年，胡守棻提出："德育就是把一定社会的思想观点、政治准则和道德规范，转化为受教育者个体的思想品德的社会实践活动。"[1] 1994年，鲁洁、王逢贤认为，德育是教育者根据一定社会和受教育者的需要，遵循品德形成规律，采用言教、身教等有效手段，通过内化和外化，发展受教育者的思想、政治、法制和道德几方面素质的系统活

---

[1] 胡守棻.德育原理[M].北京：北京师范大学出版社，1989：3.

动过程。[1]总的来看，这些对"德育"的定义始终离不开对教育本身的界定，并遵循着马克思主义思想理论，展现出德育研究向科学化发展的趋势。

　　同时，德育功能的划分逐步清晰、明确。鲁洁教授就德育功能发表了一系列论文，概括来说，她认为，德育功能应当至少包括社会功能和个体性功能。社会功能主要包括经济功能、文化功能、自然性功能；个体性功能主要包括个体品德发展功能、个体智能发展功能、个体享用功能。刘尧在《德育有多少功能——与鲁洁教授商榷》一文中指出，德育的个体享用功能与自然性功能提法是不确切、不科学的。道德关系只存在于主体与主体之间，德育只有发展功能。[2]这一时期，许多学者对此都有关注，如檀传宝教授认为，以发展功能囊括所有德育功能没有实质意义，探讨德育的个体享用功能与自然性功能，进而探索德育内容、德育观很有必要。[3]鲁洁教授本人也保持对德育功能的持续探索，进一步揭示了德育享用功能的客观存在与教育意义，回答了刘尧的"商榷"。[4]

　　改革开放后，西方的教育思想在中国得到广泛传播，国内学者不断吸收和借鉴西方德育理论成果，总结西方德育教育的理论，由此大量论著在这一时期陆续发表、出版。这些论著是对德育理论和思想的系统论述，为我国研究德育思想、建设德育学科体系、开展德育工作等方面提供了借鉴和参考。

　　值得关注的是，袁桂林系统论述了当代西方道德教育理论流派：存在主义道德教育理论、认知发展道德教育理论、价值观澄清理论、理性为本

---

[1] 鲁洁，王逢贤.德育新论[M].南京：江苏教育出版社，1994：95.

[2] 刘尧.德育有多少功能——与鲁洁教授商榷[J].教育研究与实验，1994（4）：35-37.

[3] 檀传宝.对两种德育功能的理解——谈谈《德育有多少功能》一文的问题[J].教育研究与实验，1995（1）：20-24.

[4] 鲁洁.再议德育之享用功能——兼答刘尧同志的"商榷"[J].教育研究，1995（6）：27-31.

道德教育理论、道德符号理论、逻辑推理价值观教育理论、社会学习道德教育理论、人本主义道德教育理论、完善人格道德教育理论、体谅关心道德教育理论。[1]戚万学总结了20世纪西方的主要道德教育流派：涂尔干的社会道德教育理论、杜威的经验主义道德教育理论、威尔逊的理性功利主义道德教育理论、柯尔伯格的道德教育的认知发展理论、价值澄清学派的道德教育理论、贝克的反省价值教育理论等。[2]另外，还有学者把当代西方道德教育理论发展划分为三个阶段：新道德教育理论的萌芽和奠基时期（19世纪末至20世纪30年代），道德教育的荒凉时期（20世纪50年代至60年代），道德教育的复兴和深入发展时期（20世纪70年代初至今）。[3]这些都是这一时期德育研究走向科学化和规范化的标志。

这一时期，德育理念形成的一个基本逻辑是彻底肃清"文革"时期的流毒，为适应改革发展需要，德育工作和德育研究双双走上了规范化、科学化发展之路。

【资料】

关于德育面向现代化的思考

邓小平同志指出，教育要面向现代化，面向世界，面向未来。[4]德育作为教育体系中的有机组成也一样存在着面向现代化的问题，尤其是德育是一项铸魂的事业，能否放眼世界、着眼未来，直接关系着一代青年的品格素质，关系着民族的前途与兴衰。因此，德育面向现代化也就成为一

---

[1] 袁桂林.当代西方道德教育理论[M].福州：福建教育出版社，1995.

[2] 戚万学.冲突与整合——20世纪西方道德教育理论[M].济南：山东教育出版社，1995.

[3] 戚万学.20世纪西方道德教育的历史发展及启示[J].教育研究与实验，1994（3）：18-24.

[4] 邓小平.邓小平文选：第三卷[M].北京：人民出版社，1993：35.

项重要课题。

①德育观念的现代化。德育观念的现代化实质上就是观念更新的过程，是德育面向未来的先导和前提，决定着德育过程中的各个环节。促进德育的现代化进程，要做到：一是树立开放性的社会德育观，二是树立培养青少年人文精神的现代德育观，三是树立讲究德育内化效应和长远效应的科学德育观，四是树立分层次教育的系统德育观。

②德育内容的现代化。德育内容的现代化是德育走向现代化的重要步骤。现代德育应增加以下内容：一是进行现代伦理教育；二是加大社会公德教育的分量；三是拓宽德育渠道，注重"隐性"教育。

③德育工作者的自身现代化。具体有以下几点：一是提高教育技能，二是熟练掌握现代化的工具，三是提高外语水平，四是不断拓宽知识面。

（选编自李漪《关于德育面向现代化的思考》，《当代青年研究》1998年第5期）

第四节 繁荣期（1999年至今）：追求以人为本

20世纪末，素质教育实施，教育开始由过分强调服务社会转向关注儿童、关注情感、关注人的发展。许多学者也开始认识到现代化对人的主体性的忽视，而呼吁教育、德育应当以"人"的发展为中心，关注到人本身的成长。因此，研究者以人为研究的出发点，从研究人学、人性开始，要求德育发挥个体教育价值，培养具有创新能力、超越能力的道德主体，从而引发了德育人性化、人本化、人文关怀理论研究的高潮。无论是这一时期提出的"素质教育"，还是党的十八大确立的"立德树人"思想，都在将"人"的个体化发展置于最重要位置，体现了对"人"的高度关注和尊重。

一、提倡素质教育，为德育工作的扎实开展提供更多空间

实施素质教育，是迈向21世纪我国提出的一项重要教育举措。1999年6月13日，中共中央、国务院发布《关于深化教育改革全面推进素质教育的决定》；6月15日至18日，中共中央、国务院在北京召开改革开放以来第三次全国教育工作会议。会议的主题是：动员全党同志和全国人民，以提高民族素质和创新能力为重点，深化教育体制和结构改革，

全面推进素质教育，振兴教育事业，实施科教兴国战略，为实现党的十五大确定的社会主义现代化建设宏伟目标而奋斗。自此，素质教育被赋予了时代特征和新的内涵。围绕着全面推进素质教育，培养适应21世纪现代化建设需要的社会主义新人，一系列教育改革和发展的重大决策随即出台。

2000年12月14日，中共中央办公厅、国务院办公厅印发《关于适应新形势进一步加强和改进中小学德育工作的意见》。这是我国社会主义精神文明建设中的一件大事，更是教育战线的一件大事。《意见》针对国内外形势的新变化、教育改革与发展的新任务和中小学学生思想教育工作的新情况，明确提出了新时期中小学德育工作的指导思想和面临的紧迫任务；突出强调加强对中小学德育工作的领导，切实提高中小学德育工作的针对性和实效性，大力加强教师职业道德建设，全社会共同努力保障青少年健康成长。《意见》充分体现了党中央对教育工作特别是中小学德育工作的高度重视和关心，对指导新形势下的中小学德育工作和全面推进素质教育具有重要的指导意义。

众所周知，素质教育一开始是为了克服愈演愈烈的应试教育弊端而提出与实施的，但随着素质教育的实施，客观上却为德育发展带来了更大的空间和可能。据经验判断，许多学校的德育特色品牌都是在深化素质教育的背景下形成的。

二、倡导德育生活化，不断加强德育课程建设

生活德育论，是21世纪初人们在对自身生活被技术化和机械化包裹等现实境遇的反思和批判中产生的。它主张教育要回归生活。"教育回归生活，

实际上就是回归人及人性本身,是教育领域的'人本主义'。"[1]生活德育有自己的鲜明主题,其主题就体现在生活、道德与道德教育这三个关键词中。"生活德育论实际上是德育的一般原理"[2],是新一轮德育课程改革的核心理念。

2001年,教育部发布《基础教育课程改革纲要(试行)》,掀起了全国范围内的课程改革运动。这是新中国成立以来的第八次课程改革,也是21世纪以来的第一次课程改革,因此,教育界称其为新课程改革。新课程改革给予了生活德育论大展拳脚的机会,新课程改革中德育课程的修改与完善极大地得益于生活德育论的理论指导。2002年发布的《品德与生活课程标准(实验稿)》《品德与社会课程标准(实验稿)》,就是基于儿童生活经验,首次将小学德育课程分为小学低年级的品德与生活和小学高年级的品德与社会,并提出小学德育课程旨在促进学生良好品德的形成和社会性发展,为学生认识社会、参与社会、适应社会,成为具有爱心、责任心、良好的行为习惯和个性品质的社会主义合格公民奠定基础。同年9月,全国基础教育课程改革实验区小学的一至二年级开设品德与生活课,三至六年级开设品德与社会课。2003年5月,教育部颁发全日制义务教育《思想品德课程标准(实验稿)》,决定从2003年秋季起,在部分国家级基础教育课程改革实验区进行实验。2004年3月,教育部印发《普通高中思想政治课程标准(实验稿)》。

新德育课程所倡导的是回归生活的品德发展、社会性发展的教育;新德育课程所反对的是脱离、背离生活的道德规范教育、社会知识等教育。[3]从本次发布的小学德育课程标准(实验稿)来看,小学品德与生活课是以

---

[1] 高德胜.生活德育:境遇、主题与未来[J].教育研究与实验,2012(3):5-10.
[2] 同[1].
[3] 鲁洁.回归生活——"品德与生活""品德与社会"课程与教材探寻[J].课程·教材·教法,2003(9):2-9.

儿童的生活为基础来建构的——健康、安全地生活，愉快、积极地生活，负责、有爱心地生活，动脑筋、有创意地生活；品德与社会课是按照儿童逐步扩大的生活圈（场域）来建构的——我的成长、我与家庭、我与学校、我与社区（家乡）、我是中国人、走进世界。[1] 初中思想品德课程也按照学生不断扩大的生活场域来建构，内容分为"成长中的我""我与他人的关系""我与集体、国家和社会的关系"三部分。这些都体现了"德育课程关照儿童的生活现实，以儿童生活的需求，建构课程的目的；以儿童生活的内容为基点，建构课程内容；以儿童生活的特色，建构课程的风格，真正体现生活德育的理念"[2]。

随着课程标准的研制与发布，以儿童为中心、以生活为导向等教育理念在全国大中小学特别是在基础教育阶段得到最广泛的落实，生活德育论在全国中小学教师群体中得到最广泛的认可。

2011年，根据国家发展的新需要、学生成长的新变化，教育部又发布了《义务教育品德与生活课程标准（2011年版）》《义务教育品德与社会课程标准（2011年版）》等品德课程标准。党的十八大以后，为加强教材建设和体现国家意志，2016年，教育部办公厅发布《关于2016年中小学教学用书有关事项的通知》。其中明确，从2016年起，将义务教育小学和初中起始年级《品德与生活》《思想品德》教材名称统一更改为《道德与法治》。自2017年秋季学期起，全国中小学起始年级统一使用国家统编教材《道德与法治》；至2019年秋季学期，统编教材实现所有年级"全覆盖"。统编教材除保留原来的道德教育内容外，还增加了法治教育内容，渗透法治意识教育，以培养学生的道德意识和法治意识。

---

[1] 鲁洁. 回归生活——"品德与生活""品德与社会"课程与教材探寻[J]. 课程·教材·教法，2003（9）：2-9.

[2] 俞晓婷，高德胜. 生活德育：理论成就与实践贡献[J]. 中国德育，2015（10）：37-41.

三、凸显德育实践性要求，创新和丰富德育途径

以活动为导向的德育实践，是中小学德育工作的发展方向。21世纪以来，教育部联合众多相关部门，开展了一系列的德育实践活动。为弘扬和培育民族精神，中宣部、教育部决定，从2004年开始，每年9月为"中小学弘扬和培育民族精神月"，集中开展相关活动。2007年3月至2008年3月间，教育部开展全国中小学创建和谐校园系列宣传活动。2008年，教育部、中残联和北京奥组委在全国中小学校开展"北京2008残奥会"系列教育活动。同年，教育部等单位组织开展"节粮在我身边——2008年青少年科学调查体验活动"。2009年，教育部联合其他单位组织开展"向国旗敬礼、做一个有道德的人"网上签名寄语活动。同年，教育部、中央文明办、国家广电总局、共青团中央和中国科协联合开展"节约纸张、保护环境——2009年青少年科学调查体验活动"。通过这些丰富多彩的活动，学生们回归生活，在体验中提升自身素质，培养良好的道德品行。

开展社会实践是实施素质教育的关键环节，也是道德教育的本质要求。2011年5月5日，教育部印发《关于联合相关部委利用社会资源开展中小学社会实践的通知》。《通知》指出：为探索建立利用社会资源开展中小学社会实践的机制，在总结各地经验的基础上，教育部将联合相关部委建立主题教育社会实践基地，推动中小学开展社会实践。《通知》强调：为发挥示范引领作用，教育部将和中央相关部委挖掘课程和社会两个资源，主要在公共机构、公共设施、国有企事业单位等建设中华传统文化教育、革命传统教育、法制教育、科学技术教育、文化艺术教育、国防教育、保护环境和节约能源资源教育、安全健康教育以及经济建设和社会发展等多方面专题教育的社会实践基地。

研学旅行是当前开展社会实践活动的新形态。2016年11月30日，教育部等十一部门印发《关于推进中小学生研学旅行的意见》。《意见》强调，各研学旅行基地要将研学旅行作为理想信念教育、爱国主义教育、革命传统教育、国情教育的重要载体，突出祖国大好风光、民族悠久历史、优良革命传统和现代化建设成就，根据小学、初中、高中不同学段的研学旅行目标，有针对性地开发自然类、历史类、地理类、科技类、人文类、体验类等多种类型的活动课程。《意见》还指出，开展研学旅行的目标是：能让广大中小学生在研学旅行中感受祖国大好河山，感受中华传统美德，感受革命光荣历史，感受改革开放伟大成就，增强对坚定"四个自信"的理解与认同；同时学会动手动脑，学会生存生活，学会做人做事，促进身心健康、体魄强健、意志坚强，促进形成正确的世界观、人生观、价值观，从而成为德智体美全面发展的社会主义建设者和接班人。从实践效果看，研学旅行在道德教育中发挥着重要作用。

四、立德树人，德育迎来新局面

进入21世纪，基于我国经济、社会发展的新形势和"立德树人"根本任务落实的迫切需要，德育作为社会精神文明建设的重要任务，德育为先的地位始终没有动摇。

党的十八大报告提出："把立德树人作为教育的根本任务，培养德智体美全面发展的社会主义建设者和接班人。"[1]德育的地位得到空前提高，德育的重要作用更加凸显，德育的社会主义属性愈加明显。

2014年3月，教育部印发《关于全面深化课程改革落实立德树人根本

---

[1] 胡锦涛.胡锦涛文选：第三卷[M].北京：人民出版社，2016：641.

任务的意见》，确保立德树人根本任务在课程改革中的全面贯彻落实，课程育人的主渠道作用得到加强。

2017年7月3日，国务院办公厅印发通知，国务院决定成立国家教材委员会。同年9月1日，教育部统一组织新编的义务教育道德与法治、语文、历史教材，在全国投入使用。根据中央对三科教材统编统用、三年实现全覆盖的要求，2017年秋季学期，全国所有地区小学一年级和初中一年级使用统编教材，2018年使用范围覆盖小学初中一、二年级，2019年所有年级全部使用统编教材，进一步加强了教材建设的国家意志。

2017年8月，《中小学德育工作指南》发布，提出要着力构建方向正确、内容完善、学段衔接、载体丰富、常态开展的德育工作体系，努力形成全员育人、全程育人、全方位育人的德育工作格局。

党的十九大报告再次明确："要全面贯彻党的教育方针，落实立德树人根本任务，发展素质教育，推进教育公平，培养德智体美全面发展的社会主义建设者和接班人。"[1] 在2018年新时代第一次全国教育大会上，习近平总书记对立德树人思想有了更加深刻的阐释，指出"以凝聚人心、完善人格、开发人力、培育人才、造福人民为工作目标，培养德智体美劳全面发展的社会主义建设者和接班人，加快推进教育现代化、建设教育强国、办好人民满意的教育"，"要把立德树人融入思想道德教育、文化知识教育、社会实践教育各环节"。[2] 习近平总书记的讲话科学全面地回答了"培养什么人"这个教育的首要问题，进一步强调了德育在培养德智体美劳全面发展的社会主义建设者和接班人中的根本性作用。

---

[1] 习近平.决胜全面建成小康社会 夺取新时代中国特色社会主义伟大胜利——在中国共产党第十九次全国代表大会上的报告［M］.北京：人民出版社，2017：45.

[2] 张烁.坚持中国特色社会主义教育发展道路 培养德智体美劳全面发展的社会主义建设者和接班人［N］.人民日报，2018-09-11（1）.

2019年3月18日，习近平总书记在学校思想政治理论课教师座谈会上强调，办好思想政治理论课，最根本的是要全面贯彻党的教育方针，解决好培养什么人、怎样培养人、为谁培养人这个根本问题。[1]思想政治理论课成为学校落实立德树人根本任务的关键课程。

自党的十八大提出把立德树人作为教育根本任务以来，围绕培养什么人、怎样培养人、为谁培养人这个根本问题，党中央出台系列文件，习近平总书记发表重要讲话，从德育途径、德育内容、德育保障以及教师队伍等方面系统设计了德育工作体系，科学构建了新时代德育"三全育人"大格局。学者们认为，为实现中华民族伟大复兴中国梦，学校教育必须将立德树人作为核心目标，把培育和践行社会主义核心价值观放在核心位置，"把立德树人的成效作为检验学校一切工作的根本标准，真正做到以文化人、以德育人，不断提高学生思想水平、政治觉悟、道德品质、文化素养，做到明大德、守公德、严私德"[2]。此外，众多学者结合落实立德树人根本任务，从全员育人、全过程育人、全方位育人的角度，阐述了立德树人根本任务在贯彻党的教育方针、推行教育改革与实践中的时代意义与战略地位。[3]

五、德育内容不断丰富，更加充分体现社会主义本质要求

"随着不同时期社会形势的发展，我国学校德育的具体内容有很大变

---

[1] 张烁.用新时代中国特色社会主义思想铸魂育人 贯彻党的教育方针落实立德树人根本任务[N].人民日报，2019-03-19（1）.

[2] 习近平.在北京大学师生座谈会上的讲话[N].人民日报，2018-05-03（2）.

[3] 戚万学，唐爱民，韩笑.德育理论研究：主题及成就[M]//高宝立.迈向新时代的中国教育科学.北京：教育科学出版社，2018：28-29.

化。但始终提倡用社会主义、爱国主义和集体主义教育广大学生，始终坚持社会主义、爱国主义和集体主义为德育的'主旋律'，这是培养社会主义建设者和接班人的重要保证，始终没有变。"[1]进入新时代，德育内容不断丰富，但始终坚持社会主义办学方向，始终坚持为中国特色社会主义事业培养合格建设者和接班人。

1. 重视爱国主义教育

爱国主义教育是提高全民族整体素质的基础性工程，是引导人们特别是广大青少年树立正确理想、信念、人生观、价值观，促进中华民族伟大复兴的一项重要工作，始终得到高度重视。

21世纪之初，中共中央办公厅、国务院办公厅印发《关于适应新形势进一步加强和改进中小学德育工作的意见》。《意见》特别强调："小学德育工作主要通过生动活泼的校内外教育教学活动，对学生进行以'爱祖国、爱人民、爱劳动、爱科学、爱社会主义'为基本内容的社会主义公德教育、社会常识教育和文明行为习惯的养成教育。中学德育工作的基本任务是把学生培养成为热爱社会主义祖国的具有社会公德、法制意识、文明行为习惯的遵纪守法的公民，引导他们逐步树立正确的世界观、人生观和价值观，不断提高爱国主义、集体主义和社会主义思想觉悟，为他们中的优秀分子将来能够成长为共产主义者奠定基础。"2001年9月，中共中央发布《公民道德建设实施纲要》。《纲要》强调："要引导人们发扬爱国主义精神，提高民族自尊心、自信心和自豪感，以热爱祖国、报效人民为最大光荣，以损害祖国利益、民族尊严为最大耻辱，提倡学习科学知识、科学思想、科学精神、科学方法，艰苦创业、勤奋工作，反对封建迷信、好逸恶劳，

---

[1] 冯建军.四十年德育改革的中国道路与中国经验[J].东北师大学报（哲学社会科学版），2018（6）：118-124.

积极投身于建设有中国特色社会主义的伟大事业。"2004年2月，中共中央、国务院发布《关于进一步加强和改进未成年人思想道德建设的若干意见》，也强调"从增强爱国情感做起，弘扬和培育以爱国主义为核心的伟大民族精神。深入进行中华民族优良传统教育和中国革命传统教育、中国历史特别是近现代史教育，引导广大未成年人认识中华民族的历史和传统，了解近代以来中华民族的深重灾难和中国人民进行的英勇斗争，从小树立民族自尊心、自信心和自豪感"。同年8月，中共中央、国务院发布《关于进一步加强和改进大学生思想政治教育的意见》，指出加强和改进大学生思想政治教育要"以爱国主义教育为重点，深入进行弘扬和培育民族精神教育"。

2015年12月30日，中共中央政治局就中华民族爱国主义精神的历史形成和发展进行第二十九次集体学习。在主持学习时，习近平总书记围绕如何弘扬爱国主义精神进行了系统论述，强调：弘扬爱国主义精神，必须把爱国主义教育作为永恒主题，必须坚持爱国主义和社会主义相统一，必须维护祖国统一和民族团结，必须尊重和传承中华民族历史和文化，必须坚持立足民族又面向世界。[1]随后，中共教育部党组印发《关于教育系统深入开展爱国主义教育的实施意见》。该《实施意见》是教育系统深入开展爱国主义教育的系统尝试，也是贯彻落实习近平总书记关于弘扬爱国主义精神重要论述的具体举措。

党的十九大以后，爱国主义教育迎来了新的契机。适逢新中国成立70周年，中宣部新命名一批全国爱国主义教育示范基地。此次命名后，全国爱国主义教育示范基地总数达到473个，全国各族人民在神州大地以各种方式掀起了共唱一首歌《我和我的祖国》的热潮，以表达对祖国的热爱之情。

---

[1] 大力弘扬爱国精神 为实现中国梦提供精神支柱[N].人民日报，2015-12-31（1）.

2019年10月1日上午，庆祝中华人民共和国成立70周年大会在北京天安门广场隆重举行。盛大的阅兵式、群众游行以及一系列的庆祝活动，充分展示了新中国成立70年来的辉煌成就，有力彰显了国威军威，极大振奋了民族精神，广泛激发了各方面力量。对于庆祝活动的重大意义，习近平总书记用三句话作出高度评价："是在第一个百年即将到来之际，全党全军全国各族人民万众一心，朝着全面建成小康社会目标奋进的一次伟力凝聚；是在实现中华民族伟大复兴中国梦的征程上，全体中华儿女对共同理想所作的一次豪迈宣示；是在当今世界正经历百年未有之大变局的形势下，中华人民共和国始终巍然屹立于世界东方，并且愈发蓬勃、愈发健强的一次盛大亮相。"[1]庆祝大典是一次大规模的、具有号召力的爱国主义教育活动。

2019年11月，中共中央、国务院印发《新时代爱国主义教育实施纲要》。《纲要》指出，爱国主义是中华儿女最自然、最朴素的情感。要坚持从娃娃抓起，着眼固本培元、凝心铸魂，突出思想内涵，强化思想引领，做到润物无声，把基本要求和具体实际结合起来，把全面覆盖和突出重点结合起来，遵循规律、创新发展，注重落细落小落实、日常经常平常，强化教育引导、实践养成、制度保障，推动爱国主义教育融入贯穿国民教育和精神文明建设全过程。

2020年1月16日，中共教育部党组印发《教育系统关于学习宣传贯彻落实〈新时代爱国主义教育实施纲要〉的工作方案》。《工作方案》提出，建立爱国主义教育工作体系：在明理上下功夫，准确把握新时代爱国主义精神的丰富内涵；在共情上下功夫，涵育爱党爱国爱社会主义的真挚情感；在弘文上下功夫，加强爱国主义教育的氛围营造和文化浸润；在力行上下

---

[1] 张烁.习近平亲切会见庆祝活动筹办工作有关方面代表[M].人民日报，2019-10-17（1）.

功夫，推动爱国精神转化为强国报国的自觉行动。

2020年6月，教育部办公厅印发《中小学贯彻落实〈新时代爱国主义教育实施纲要〉重点任务工作方案》。《工作方案》明确了五项重点任务：一是充分发挥课堂教学主渠道作用，推动爱国主义教育进课堂进头脑；二是不断丰富德育活动的形式内容，激发爱国主义真挚情感；三是积极运用校园文化的浸润功能，营造爱国主义教育浓厚氛围；四是注重发挥实践育人功能，促进中小学生爱国行为养成；五是始终坚持协同共育，形成爱国主义教育良好社会环境。

随着国家对新时代爱国主义教育的系统设计，爱国主义教育的理论和实践不断推进，新时代爱国主义教育内涵不断丰富，实施途径和方法日益多元。

2. 培育和弘扬社会主义核心价值观是凝魂聚气、强基固本的基础工程

2012年，党的十八大提出"倡导富强、民主、文明、和谐，倡导自由、平等、公正、法治，倡导爱国、敬业、诚信、友善"[1]，分别从国家、社会和个人三个层面高度概括和凝练出社会主义核心价值观的基本内容。2013年12月，中共中央办公厅印发《关于培育和践行社会主义核心价值观的意见》。《意见》共六项二十三条，就培育和践行社会主义核心价值观的指导思想、基本原则、基本要求等提出具体意见。《意见》指出，要把培育和践行社会主义核心价值观融入国民教育全过程，落实到经济发展实践和社会治理中。《意见》强调要用社会主义核心价值观引领社会思潮、凝聚社会共识。社会主义核心价值观成为全国各族人民价值观的"最大公约数"，成为实现中国梦的力量源泉。

党的十八大以来，习近平总书记多次就培育和践行社会主义核心价值

---

[1] 胡锦涛.胡锦涛文选：第三卷［M］.北京：人民出版社，2016：638.

观作出重要论述，提出明确要求。在北京大学、北京市海淀区民族小学及八一学校等地考察时，以及在2018年的全国教育大会、2019年的学校思想政治理论课教师座谈会和纪念五四运动100周年大会上，习近平总书记都曾强调要培育和践行社会主义核心价值观。为深入学习贯彻习近平总书记针对大中小学生、儿童、教师践行社会主义核心价值观提出的明确要求，中共教育部党组、共青团中央印发《关于在各级各类学校推动培育和践行社会主义核心价值观长效机制建设的意见》，教育部印发《关于培育和践行社会主义核心价值观进一步加强中小学德育工作的意见》等一系列文件，不断完善培育和践行社会主义核心价值观的顶层设计，大力推进社会主义核心价值观进教材、进课堂、进头脑。

社会主义核心价值观是中国特色社会主义的本质体现。培育和践行社会主义核心价值观、加强中小学德育是推进中国特色社会主义事业的必然要求。

3. 中华优秀传统文化教育的育人功能得到加强

党的十八大以来，国家非常重视德育，提出"把立德树人作为教育根本任务"的要求，大力弘扬社会主义核心价值观教育，并强调培育和弘扬社会主义核心价值观必须立足中华优秀传统文化，使中华优秀传统文化成为涵养社会主义核心价值观的重要源泉，增强文化自信和价值观自信。

2014年3月26日，教育部印发《完善中华优秀传统文化教育指导纲要》。《纲要》从爱国、处世、修身三个层次概括凝练开展中华优秀传统文化教育的主要内容：一是开展以天下兴亡、匹夫有责为重点的家国情怀教育；二是开展以仁爱共济、立己达人为重点的社会关爱教育；三是开展以正心笃志、崇德弘毅为重点的人格修养教育。《纲要》提出，分学段有序推进中华优秀传统文化教育，把中华优秀传统文化教育系统融入课程和教材体系。

2017年1月，中共中央办公厅、国务院办公厅印发《关于实施中华优秀传统文化传承发展工程的意见》。这是新中国成立以来，党和政府出台的第一个以传承和发展中华优秀传统文化为主题的文件，也是第一个理论与实践并重、用重大工程的方式推进的行动纲领。[1]

2018年5月10日，教育部印发《关于开展中华优秀传统文化传承基地建设的通知》。《通知》指出，坚持以习近平新时代中国特色社会主义思想为指导，充分发挥中国特色社会主义教育的育人优势，根植中华优秀传统文化深厚土壤，以社会主义核心价值观为引领，以立德树人为根本，以传承中华优秀传统文化为宗旨，进一步挖掘中华优秀传统文化价值内涵，进一步激发中华优秀传统文化的生机与活力，进一步增强文化自觉和文化自信。探索构建具有高校特色和特点的中华优秀传统文化传承发展体系，在教育普及、保护传承、创新发展、传播交流等方面协同推进并取得重要成果。

党的十九大报告指出："文化是一个国家、一个民族的灵魂。文化兴国运兴，文化强民族强。没有高度的文化自信，没有文化的繁荣兴盛，就没有中华民族伟大复兴。"[2]中华文化博大精深，从民族精神来说，主要是以天下兴亡、匹夫有责为重点的家国情怀，以仁爱共济、立己达人为重点的社会关爱，以正心笃志、崇德弘毅为重点的人格修养。[3]新时期，开展中华优秀传统文化教育，既是培根筑魂的基础工程，也是弘扬文化自信、推动中华文化走向世界的核心要求。

4. 劳动教育地位之高前所未有

习近平总书记非常重视劳动教育。2014年，习近平总书记在乌鲁木齐

---

[1] 朱永新. 朱永新说教育[M]. 青岛：青岛出版社，2017：25.

[2] 习近平. 决胜全面建成小康社会 夺取新时代中国特色社会主义伟大胜利——在中国共产党第十九次全国代表大会上的报告[M]. 北京：人民出版社，2017：40-41.

[3] 冯建军. 四十年德育改革的中国道路与中国经验[J]. 东北师大学报（哲学社会科学版），2018（6）：118-124.

接见劳动模范和先进工作者、先进人物代表时说:"我们要在全社会大力弘扬劳动光荣、知识崇高、人才宝贵、创造伟大的时代新风,促使全体社会成员弘扬劳动精神,推动全社会热爱劳动、投身劳动、爱岗敬业,为改革开放和社会主义现代化建设贡献智慧和力量。"[1]2015年,习近平总书记在庆祝"五一"国际劳动节暨表彰全国劳动模范和先进工作者大会上又再次强调:"全面建成小康社会,进而建成富强民主文明和谐的社会主义现代化国家,根本上靠劳动、靠劳动者创造。因此,无论时代条件如何变化,我们始终都要崇尚劳动、尊重劳动者,始终重视发挥工人阶级和广大劳动群众的主力军作用。"[2]2017年,党的十九大报告也提出:"弘扬劳模精神和工匠精神,营造劳动光荣的社会风尚和精益求精的敬业风气。"[3]2018年9月10日,习近平总书记在全国教育大会上作出重要指示:"要努力构建德智体美劳全面培养的教育体系,形成更高水平的人才培养体系。""要在学生中弘扬劳动精神,教育引导学生崇尚劳动、尊重劳动、懂得劳动最光荣、劳动最崇高、劳动最伟大、劳动最美丽的道理,长大后能够辛勤劳动、诚实劳动、创造性劳动。"[4]至此,劳动教育再次成为"五育"的组成部分,得到全社会特别是教育界的瞩目。

在中央的部署下,教育部、共青团中央和全国少工委于2015年发布《关于加强中小学劳动教育的意见》。2018年全国教育大会之后,教育部又抓紧起草了《关于全面加强新时代大中小学劳动教育的意见》;2019年

---

[1] 习近平在乌鲁木齐接见劳动模范和先进工作者、先进人物代表 向全国广大劳动者致以"五一"节问候[N].人民日报,2014-05-01(1).

[2] 习近平.在庆祝"五一"国际劳动节暨表彰全国劳动模范和先进工作者大会上的讲话[N].人民日报,2015-04-29(2).

[3] 习近平.决胜全面建成小康社会 夺取新时代中国特色社会主义伟大胜利——在中国共产党第十九次全国代表大会上的报告[M].北京:人民出版社,2017:31.

[4] 张烁.坚持中国特色社会主义教育发展道路 培养德智体美劳全面发展的社会主义建设者和接班人[N].人民日报,2018-09-11(1).

11月26日，中央深改委第十一次会议审议通过《意见》；2020年3月20日，中共中央、国务院印发《意见》。《意见》强调劳动教育是中国特色社会主义教育制度的重要内容，要全面贯彻党的教育方针，坚持立德树人，把劳动教育纳入人才培养全过程，贯通大中小学各学段，贯穿家庭、学校、社会各方面，创新体制机制，注重教育实效，实现知行合一，促进学生形成正确的世界观、人生观、价值观。

新时代对劳动教育的重视不仅有其经济、社会和教育背景，更是实现中华民族伟大复兴中国梦的现实需要。尽管对劳动教育在党的教育方针中如何表述，对劳动教育和其他四育是否可以并列等问题，理论界还有不同的认识，但是对当下的中国教育和学校而言，劳动教育已经成为一个绝对不能忽视的教育领域，是坚持社会主义办学方向的一个重要衡量指标。

5. 思想政治教育得到进一步加强

党的十八大以来，我国高度重视思想政治理论课教育教学的改革创新工作。2013年，教育部印发《普通高等学校思想政治理论课教师队伍培养规划（2013—2017）》。2015年，中共中央办公厅、国务院办公厅颁布《关于进一步加强和改进新形势下高校宣传思想工作的意见》后，中宣部、教育部发布《普通高校思想政治理论课建设体系创新计划》，教育部发布《高等学校思想政治理论课建设标准》，对规范高校思想政治理论课的组织管理、教学管理、队伍管理、学科建设等作出整体部署。各高校采取有力措施推进落实，思想政治理论课建设加强了保障，创新了方法，提升了水平，积累了经验。2016年12月，习近平总书记在全国高校思想政治工作会议上强调，要把思想政治工作贯穿教育教学全过程，实现全程育人、全方位育人，努力开创我国高等教育事业发展新局面。[1] 2017年，中共教育部

---

[1] 张烁.把思想政治工作贯穿教育教学全过程 开创我国高等教育事业发展新局面[N].人民日报，2016-12-09（1）.

党组印发《高校思想政治工作质量提升工程实施纲要》，明确指出要构建课程育人质量提升体系，大力推动以"课程思政"为目标的课堂教学改革，优化课程设置，修订专业教材，完善教学设计，加强教学管理，统筹推进课程育人。2018年，教育部印发《新时代高校思想政治理论课教学工作基本要求》，对高校思想政治理论课学分设置、备课形式、教学方法、考核方式等方面作出明确的要求。由此可见，步入新时代，高校思想政治理论课一直受到党中央的重视与关注。

2018年9月10日，新时代第一次全国教育大会顺利召开。会上，习近平总书记在讲话中指出，教育是国之大计、党之大计。[1]为谁培养人的问题再次得到强调，思想政治教育进一步得到加强。2019年3月18日，习近平总书记主持召开学校思想政治理论课教师座谈会。这次会议在整个思想政治理论课发展进程中具有重要里程碑意义。习近平强调，思想政治理论课，是落实立德树人根本任务的关键课程。思政课作用不可替代，思政课教师队伍责任重大。[2]

2019年8月，中共中央办公厅、国务院办公厅印发《关于深化新时代学校思想政治理论课改革创新的若干意见》。《意见》进一步明确了思政课建设的六大基本原则：坚持党对思政课建设的全面领导，把加强和改进思政课建设摆在突出位置；坚持思政课建设与党的创新理论武装同步推进，全面推动习近平新时代中国特色社会主义思想进教材进课堂进学生头脑，把社会主义核心价值观贯穿国民教育全过程；坚持守正和创新相统一，落实新时代思政课改革创新要求，不断增强思政课的思想

---

[1] 张烁.坚持中国特色社会主义教育发展道路 培养德智体美劳全面发展的社会主义建设者和接班人［N］.人民日报，2018-09-11（1）.

[2] 张烁.用新时代中国特色社会主义思想铸魂育人 贯彻党的教育方针落实立德树人根本任务［N］.人民日报，2019-03-19（1）.

性、理论性和亲和力、针对性；坚持思政课在课程体系中的政治引领和价值引领作用，统筹大中小学思政课一体化建设，推动各类课程与思政课建设形成协同效应；坚持培养高素质专业化思政课教师队伍，积极为这支队伍成长发展搭建平台、创造条件；坚持问题导向和目标导向相结合，注重推动思政课建设内涵式发展，全面提升学生思想政治理论素养，实现知、情、意、行的统一。

2019年9月18日，教育部等五部门印发《关于加强新时代中小学思想政治理论课教师队伍建设的意见》。《意见》指出，讲好中小学思政课，引导中小学生扣好人生第一粒扣子，是每位中小学思政课教师的神圣职责和光荣使命。以习近平新时代中国特色社会主义思想为指导，全面贯彻党的教育方针，坚持马克思主义指导地位，坚持社会主义办学方向，落实立德树人根本任务，全面加强中小学思政课教师队伍建设，不断提高中小学思政课教师思想政治素质、师德修养、理论功底和专业素养，切实增强教师的职业认同感、荣誉感、责任感，充分发挥教师的积极性、主动性、创造性，为培养德智体美劳全面发展的社会主义建设者和接班人提供坚强保障。

2019年12月13日，深化新时代学校思想政治理论课改革创新现场推进会在天津召开。中共中央政治局委员、国务院副总理孙春兰出席会议并讲话。孙春兰强调，深化思政课改革创新，要坚持以习近平新时代中国特色社会主义思想铸魂育人这一主线，突出教师、教材、教法三项改革重点，将爱国主义和"四个自信"教育贯穿于思政课建设的全过程各方面。要针对学生思想困惑，加强理论阐释、解疑释惑，不断提升思政课的学理性和吸引力。要推动大中小学思政课一体化，促进思政课程与课程思政、课内教育与课外教育衔接，配齐配强思政课教师，发挥马克思主义理论学科支撑作用，全方位提升思政课建设水平。[1]

至此，大中小学思想政治教育得到最全面系统的设计，思想政治教育师资队伍得到进一步加强，理直气壮讲好思想政治课的要求逐步落地，思想政治教育的实效性进一步得到提高。

总体来看，21世纪以来，德育地位被提到前所未有的高度，中国特色社会主义德育思想、德育制度和德育实践格局逐步形成。

---

[1] 提升思政课针对性实效性　培养担当民族复兴大任的时代新人[N].人民日报,2019-12-14（2）.

第二章

德育课程

德育课程是德育目的实现的中介。它是国家社会价值体系、主流思想传递和丰富的重要途径，深受各国政府的重视。在我国，课程这一概念的内涵非常丰富，这也直接导致了德育课程内涵和形态的丰富多彩。根据我国学者的研究以及学校发展实际，本章主要讨论四个问题：专门德育课程、学科德育课程、隐性德育课程和校本德育课程。

第一节　专门德育课程

新中国成立以来，专门的德育课程一直都存在，其名称不断在变化，内容也在不断丰富变化中。1994年，《中共中央关于进一步加强和改进学校德育工作的若干意见》明确指出，学校政治理论课和思想品德课是系统地对学生进行马克思主义理论教育和品德教育的主渠道和基本环节。当前我国中小学专门德育课程主要包括小学和初中的道德与法治、高中的思想政治。

一、专门德育课程的意义

关于专门德育课程存在的价值，世界各国学者的认识存在很大分歧。譬如，美国著名的教育家杜威就认为学校的道德教育是培养学生的道德观念，而不是教授"关于道德的观念"。学校通过直接道德教育，向儿童传授关于道德的知识，但不付诸道德实践是毫无意义的。[1]依他的观点来看，各种功课都有德育的价值，他不认为德育课是可以和其他课分开教授的。我国学者檀传宝在《学校道德教育原理》一书中也提及美国心理学家哈桑和梅等人在20世纪20年代，通过5年时间对11000多名8—16岁的青少

---

[1] 转引自武汉大学思想政治教育系. 比较德育学 [M]. 武汉：武汉大学出版社，2000：178.

年进行研究证明：传统的道德学科教育所进行的道德规范教授与儿童的实际行为几乎无关。[1]

在我国教育理论界没有人否定道德教育的重要意义，但德育课程是否要作为一门专门的教学课程，国内学者一直存在分歧。有学者归纳认为：开设专门的德育课，实际就是通过课堂上教师的讲授所进行的直接道德教育。其潜在的理论假设是：道德是可分成不同的部分不同的条目来教授的。但德育课程的目标不是简单地传授知识，而是要帮助学生确立正确的世界观、价值观、态度，以及形成正确的道德信念和行为方式。这使得德育具有复杂性和很大挑战性，这些任务不是单纯的直接德育课就能完成的。[2]再者，专门德育课客观上在培养青少年学生的思想道德中起到了重要作用，但过分重视专门德育课程，也容易使人忽视人文学科和非专门学科的德育价值，容易忽视综合课程、活动课程、隐性课程以及日常生活中的体验等在道德教育中的重要作用，从而造成教书与育人"两张皮"。另外，道德教育作为专门的德育课程，容易导致道德灌输，且目前专门德育课程在应试教育的冲击下，边缘化现象普遍，效果确实不佳。为此，很多学者否定专门德育课程存在的价值和意义。

对此，檀传宝教授认为，道德教育应该作为一个专门的学科课程去设置，但同时道德教育专门课程的设置应当与各科教学结合起来进行；道德课程教与学的方式必须符合道德教育的特殊实际；必须充分注意研究和处理间接道德教育和隐性课程方面的问题。[3]他还指出道德教育在世界范围内经历了一个否定直接的学科教学和强调道德反思能力培养的阶段。[4]

---

[1] 檀传宝.学校道德教育原理[M].北京：教育科学出版社，2000：117.

[2] 徐宏丽.学校德育课程开设的历史回望与现实思考[J].中国校外教育，2010（9）：8-9.

[3] 同[1] 126.

[4] 同[1].

同时，戚万学、杜时忠等人在其主编的《现代德育论》中也支持德育专门学科的设置，并强调从总结道德教育课程建设的世界经验角度出发，我们国家的专门德育课程建设要注意三个问题：第一，注重课程的心理学基础；第二，提高价值判断力；第三，强化情感因素等。[1]

纵观世界发展，对德育课程价值的认识，人们在经历了一个反思和反复阶段之后，又开始冷静地思考道德教育的课程问题。目前，专门德育课程的积极作用越来越得到重视。

二、专门德育课程的发展

我国学校德育课程建设存在着稳定性不强的问题。有研究指出，从新中国成立后学校开始设立直接学科德育课程以来，不管是在课程名称方面还是在教学内容方面，我国学校德育课程基本上是每五年就有一个小的变化，十年就有一个大的变化，并且前后课程之间的联系性和贯通性较差。[2]纵观新中国成立以来中小学专门德育课程的发展历程，其大致可以划分为四个阶段。

1. 专门德育课程的建立阶段

从1951年开始，教育部印发了一系列关于专门德育课程的通知和规定。1951年6月，教育部印发《关于改定中学政治课名称、教学时数及教材的通知》。《通知》指出：为了有系统地通过各科教学进行爱国主义的政治思想教育，取消原教学计划所列"政治"这一学科名称，改为具体学科名称：初中三年级开设中国革命常识，高中二年级及高中三年级上学期开设社会

---

[1] 戚万学，杜时忠等.现代德育论[M].济南：山东教育出版社，1997：334-336.

[2] 余双好.试论直接学科德育课程建设[J].当代教育论坛，2004（12）：50-55.

科学基础知识,高中三年级下学期开设共同纲领。同年11月,教育部印发《关于中学"政治课"略有变更的通知》。《通知》规定:初中三年级讲授中国革命常识课本,高中一年级讲授社会科学基本知识,高中二年级继续讲授社会科学基本知识,高中三年级讲授共同纲领。从初中一年级到高中三年级各学年增设时事政策一科,每周一小时。这两个《通知》统一了中学政治课的课程设置,其印发标志着中学思想政治课的建立。

1952年,教育部发布《小学暂行规程(草案)》,确立了小学教育的任务、性质及培养目标,规定了学校的课程结构、教学原则、教学计划、组织管理体制等。1954年7月,教育部印发《关于中学部分学科的设置、授课时数的变更及政治教材的通知》。1957年8月,教育部印发《关于中学、师范院校设置政治课的通知》,教育部、团中央印发《关于对中学和师范学校学生进行社会主义思想教育的联合通知》。1959年7月,教育部发布《中等学校政治课教学大纲(试行草案)》。1961年8月,教育部印发《关于1961—1962学年度中等学校政治课课程设置和教学用书的通知》,进一步明确了中学专门德育课程的教材。1963年,中共中央发布的《全日制小学暂行工作条例(草案)》又进一步明确要求:要善于用英雄人物和革命领袖的事迹鼓舞小学生,为他们树立榜样。这一时期"国家强调思想政治教育是学校工作的重心,对小学生的教育主要是加强纪律教育和劳动教育,着重培养他们的艰苦奋斗精神"[1],导致课程内容设置的政治化倾向较明显。

2.专门德育课程遭到破坏阶段

1966年至1971年,中学思想政治课基本上停开。新中国成立初期,

---

[1] 张琳琳.建国以来小学"品德课"改革的价值取向分析——基于生活教育的视角[D].济南:山东师范大学,2016:24.

小学品德课主要通过讲苏联革命故事宣扬爱护公物、关心集体等，而到了"文革"时期，小学品德课教科书以革命故事为主体，除了宣传《毛主席语录》，还宣传以阶级斗争为主的人与人之间的武力对抗、仇恨。[1]

3. 专门德育课程建设阶段

改革开放以来，我国相继在1986年、1992年、1995年和1997年颁发了中小学思想品德课大纲。2001年，《基础教育课程改革纲要（试行）》颁布，作为21世纪我国教育新起点的基础教育课程改革正式启动。紧随其后，教育部又连续发布《九年义务教育小学思想品德课和初中思想政治课课程标准（修订）》（2001年）、《全日制义务教育品德与生活课程标准（实验稿）》及《全日制义务教育品德与社会课程标准（实验稿）》（2002年）、《全日制义务教育思想品德课程标准（实验稿）》（2003年）四个课程标准。有学者认为改革开放以来，专门德育课程发展也经历了以下三个阶段：德育课程基础重建阶段、德育课程初步繁荣阶段和德育课程多维提升阶段。[2]

党的十八大以来，社会主义核心价值观教育、法治教育、传统文化教育等德育内容得到了突出强调。从2016年起，初中、小学德育教材统一为《道德与法治》。为了加强中国共产党对德育工作的领导作用，2017年，中小学德育课程和历史、语文学科一样采用了全国统编教材。国务院成立国家教材委员会，以指导和统筹全国教材工作。教育部组建成立教材局，承担国家教材委员会的工作，以专责加强教材管理，落实"立德树人"核心教育目标。

---

[1] 张琳琳.建国以来小学"品德课"改革的价值取向分析——基于生活教育的视角[D].济南：山东师范大学，2016：29.

[2] 檀传宝，陈国清.改革开放40年我国德育学科建设的探索与进步[J].中国教育学刊，2018（10）：28-34.

三、专门德育课程的性质

所谓专门德育课程就是指以介绍道德价值、规则的原理与知识体系，提高学生道德认知和判断能力等为主要内容的课程。作为一门德育课程，其思想品德教育的显性和专门性有别于其他普通文化课程中德育的隐性和渗透性；作为一门人文课程，思想品德与自然科学诸学科相比，其知识有更多的社会历史性和价值取向性；作为一门文化课程，思想品德既与技能课程相区别而主要着眼于认知水平和思维能力培养，又与其他一般文化课程相区别而在一定意义上是一门活动课程，强调活动与养成；作为一门综合课程，思想品德与单一课程相比较，多学科专业知识的整合淡化了传统学科的专业规范，增强了统筹解决问题的现实意义。[1] 这是我国研究者对于以思想品德课为代表的专门德育课程性质的研究概况。

对于专门德育课程性质的研究，也是一个不断丰富发展的过程。对这一课程性质的理解，最为全面、准确、权威的当属新课程改革推动下的新课标中的界定。

《义务教育品德与生活课程标准（2011年版）》指出，品德与生活课程是一门以小学低年级儿童的生活为基础，以培养具有良好品德与行为习惯、乐于探究、热爱生活的儿童为目标的活动型综合课程。它具有生活性、活动性、综合性、开放性的基本特征。

《义务教育品德与社会课程标准（2011年版）》指出，品德与社会课程是在小学中高年级开设的一门以学生生活为基础、以学生良好品德形成为核心、促进学生社会性发展的综合课程。它的基本特征是综合性、实践

---

[1] 李月根.论思想品德学科定性与目标定位[J].中学政治教学参考，2014（11）：10-12.

性和开放性。

《义务教育思想品德课程标准（2011年版）》明确指出，思想品德课程是以初中生生活为基础、以引导和促进初中生思想品德发展为根本目的的综合性课程。其课程目标除了总目标，还有诸多分目标，从不同角度、不同层次去梳理，主要有：三个年段、六个学期的阶段性目标；心理健康、道德、法律、国情四大板块性目标；认识自我、我与他人和集体、我与国家和社会主线上的环节性目标；从一册课本到一个单元再到一个或几个课时的目标；每一堂课的具体教学目标。

相对而言，人们对高中思想政治课程性质的认识没有那么清晰。"这是一门什么课程"似乎成为思想政治课程研究中永远的话题。政治课程的名称演绎着从"政治课"到"思想政治课"再到"思想品德与思想政治课"的变化。20世纪90年代以来，比较一致的观点是，高中的政治课是全日制中学的一门主要学科，是对学生进行马列主义、毛泽东思想基本常识和社会主义政治、思想、道德教育的课程。《普通高中思想政治课程标准（2017年版）》指出，高中思想政治以立德树人为根本任务，以培育社会主义核心价值观为根本目的，是帮助学生确立正确的政治方向、提高思想政治学科核心素养、增强社会理解和参与能力的综合性、活动型学科课程。高中思想政治课程具有学科内容的综合性、学校德育工作的引领性和课程实施的实践性等特征，它与初中道德与法治、高校思想政治理论等课程相互衔接，与时事政治教育相互补充，与高中其他学科教学和相关德育工作相互配合，共同承担思想政治教育立德树人的任务。

四、专门德育课程的困境

在我国，专门的德育课程面临的最主要的困境就是实效性不高。这也是专门开设德育课程常被人们诟病的主要原因。概括众多研究要点，实效性不高的原因主要有以下几条：

1. 没有充分认识到德育课程的重要性，德育课程地位边缘化

在曾经的应试教育背景下，德育课程在学校课程体系里属于边缘课程，社会、学校、师生等各层面，大都把德育学科界定为副科，任课教师多是兼职。学科地位不高，专门德育课程基本处于谁都能上、谁都能挤占的边缘地位。

2. 没有充分认识到德育课程的专业性，德育课程内容科学化程度不够

改革开放之后，中国德育开始摆脱长期以来的德育政治化倾向，实现德育观念的本体回归，一种与转型期社会生活相适应、与儿童身心发展相协调的新德育理念正在逐渐形成。[1]但如何循序渐进、螺旋上升地开展好专门德育课程，依然缺乏专业化、科学化的一体设计。

3. 没有充分认识到德育课程的特殊性，德育课程实施简单化

有学者研究，德育课程的实施，必须处理好两个问题：第一，要把知识转化为信念。比如，学生都知道什么是诚信，却并不必然是一个诚信之人。怎样将其转化为学生的个人信念，这是德育课程要解决的重要问题。因此，德育课程既要以知识为基础，又不能仅仅停留在教授知识上，而要进一步触发学生的道德情感体验。第二，要把道理转化为行动。德育课程要告诉学生道理，更重要的是要将道理转化为行为，指导学生的现实生活。[2]因此，道德教育必须是认知、认同和践行三个环节缺一不可的完整过程。要实现德育课程的完整实施过程，就无法像对待其他知识体系非常强的学科课程那样来简单对待。

---

[1] 黄书光.变革与反思：共和国德育的历史走向[J].华东师范大学学报（教育科学版），2006（1）：91-96.

[2] 李梦媛.我国德育学科课程的问题与对策[J].教育与教学研究，2015（9）：52-56.

尽管专门德育课程的上述困境近几年有所改观，但是德育师资力量不足、德育课程地位不高等问题依然没有得到彻底改变。

【资料】

习近平总书记在学校思想政治理论课教师座谈会上的讲话（节选）

推动思想政治理论课改革创新，要不断增强思政课的思想性、理论性和亲和力、针对性。要坚持政治性和学理性相统一，以透彻的学理分析回应学生，以彻底的思想理论说服学生，用真理的强大力量引导学生。要坚持价值性和知识性相统一，寓价值观引导于知识传授之中。要坚持建设性和批判性相统一，传导主流意识形态，直面各种错误观点和思潮。要坚持理论性和实践性相统一，用科学理论培养人，重视思政课的实践性，把思政小课堂同社会大课堂结合起来，教育引导学生立鸿鹄志，做奋斗者。要坚持统一性和多样性相统一，落实教学目标、课程设置、教材使用、教学管理等方面的统一要求，又因地制宜、因时制宜、因材施教。要坚持主导性和主体性相统一，思政课教学离不开教师的主导，同时要加大对学生的认知规律和接受特点的研究，发挥学生主体性作用。要坚持灌输性和启发性相统一，注重启发性教育，引导学生发现问题、分析问题、思考问题，在不断启发中让学生水到渠成得出结论。要坚持显性教育和隐性教育相统一，挖掘其他课程和教学方式中蕴含的思想政治教育资源，实现全员全程全方位育人。

（选编自张烁《用新时代中国特色社会主义思想铸魂育人 贯彻党的教育方针落实立德树人根本任务》，《人民日报》2019年3月19日）

第二节　学科德育课程

17世纪捷克教育家夸美纽斯十分重视教育的德育作用,他希望通过教育,改变社会道德普遍堕落的现象,从而减少黑暗与倾轧,得到光明与和平。18世纪德国教育家赫尔巴特认为,教学中如果没有进行有效德育渗透,那它只是一种没有目的的手段,德育如果没有教学,就是一种失去手段的目的。这使道德教育落实在学科教学的坚实基础之上,也使学科教学具有了道德教育的任务。[1]

一、什么是学科德育课程

专门的德育课程主要是对学生进行直接的道德教育,以显性的方式来展开;而学科德育则主要是将道德价值观渗透进各个学科的知识教学当中,实施隐蔽式的道德教育,是一种间接德育。学科德育是对狭义的承担直接德育的中小学德育学科(道德与法治、思想政治等)的"超越",就正如"课程思政"是对高校承担的作为思想政治教育直接渠道的思政课程(即"两

---

[1] 转引自周雪梅.高中英语教学中德育渗透的现状调查[D].济南:山东师范大学,2013:6.

课")的"超越"一样。[1]

实施学科德育，需要处理好学科知识教学与道德教育之间的关系。[2]这一方面要求我们在学科教学中不能忽视道德思想的教育，不能使德育"受冷落"。笔者在之前的研究中曾指出，当前学科德育存在以下问题：一是开发不够。学科课程德育价值的挖掘与开发不够，普遍存在学科课程与专门德育课程两张皮，专职德育教师与其他课任课教师各自为政的现象。二是整合不够。各门课程与各个教学单元的德育目标整合不够，普遍存在德育分割、无序、随意和针对性不强的状况。三是德育教学研究和开发动力不足。受"不考不讲"的影响，学科课程德育价值开发和整合缺少内在动力。四是专业支持不够。教师缺乏足够的专业培训，受教师水平能力的限制，学科课程德育价值开发与渗透存在简单"贴标签"的情况，影响教学效果。另一方面，学科德育也不能过度追求形式上的道德教育，使德育"过了头"，使学科教学失去自身的学科属性。譬如，不能把语文课上成道德与法治课。最好的办法就是要最大限度地发挥学科德育本质特征的优势。

1995年发布的《中学德育大纲》指出："各科教学是教师在向学生传授知识的同时进行德育的最经常的途径，对提高学生的政治思想道德素质具有重要的作用。各科教师要教书育人，为人师表，认真落实本学科的德育任务要求，结合各学科特点，寓德育于各科教学内容和教学过程之中。"进一步改进德育工作的方式方法，寓德育于各学科教学之中，是1999年发布的《中共中央、国务院关于深化教育改革全面推进素质教育的决定》里关于德育的重要要求。

2000年，《中共中央办公厅、国务院办公厅关于适应新形势进一步

---

[1] 葛卫华.厘定与贯连：论学科德育与课程思政的关系[J].中国高等教育，2017（23）：25-27.
[2] 贾彦琪，汪明.学科德育应坚守自己的个性[J].现代教学，2015（z2）：55-60.

加强和改进中小学德育工作的意见》指出，德育要寓于各学科教学之中，贯穿于教育教学的各个环节。2001年，教育部印发的《基础教育课程改革纲要（试行）》指出，改变课程过于注重知识传授的倾向，倡导学生主动参与、乐于探究、勤于动手。这一文件为教育界学者进行学科教学中德育渗透研究提供了重要依据，学者们在学科德育领域进行了深入的探索研究。

对学科德育的认识和理论研究并不鲜见。如，雅斯贝尔斯认为："教学活动中的读、写、算的学习并不是技能的获得，而是从此参与精神生活。"[1]"以正确的方式传授知识和技能，其本身就已经是一种对整个人的精神教育。"[2]但直到国家新课程标准提出了课堂教学的三维目标——"知识与技能、过程与方法、情感态度与价值观"的要求，我国学科德育才在更大范围内被更大程度地重视了起来。三维目标，是对教学回归"育人"本原的体现，目的是为了实现知识与道德、教书与育人、教学与教育的统一。三维目标的实施，为学科德育发展提供了政策依据和实践可能。

二、关于学科德育的争议

长期以来，我们对学科德育作用发挥的认识存在着分歧，即"挖掘说"还是"渗透说"之争。

"一些学者认为学科教学中唯一可行的德育是间接的或渗透式的德育。"[3]比如，学者黄向阳认为："如果不能很好地在学科教学中渗透德育，那么我们就放弃了学校德育的主要阵地，将很难实现学校的德

---

[1] 雅斯贝尔斯.什么是教育[M].邹进,译.北京:生活·读书·新知三联书店,1991:35.
[2] 同[1]149.
[3] 饶玉梅,易连云.学科德育研究现状及思考[J].美中教育评论,2006(4):5-9.

育目标。"[1]而坚持"挖掘说"的班华老师认为："德育并不是渗透到学科教学中去的，而是教学过程本身蕴涵有德育因素；不只是教学内容含有德育因素，而是教学全过程都蕴涵有德育因素；研究的重点应该是：讨论如何挖掘、开发和利用其中的德育素材，而不是所谓的在学科教学中渗透德育。"[2]

除了"渗透说""挖掘说"，当前，还出现了"内生说"。"内生说"认为学科德育功能的发挥既不是渗透的，也不是挖掘的，而是学科本身就内生着教育的道德追求。教学以道德为最高目的，教学不再是为知识而教，而是为人而教；学科课程蕴含道德价值，知识本身就是人类的德性生成的，每门课程都有其独特的道德价值；教学乃是一种德性实践，新课程改革重视课程与教学的育人价值，使得教学作为一种德性实践，在建立平等、民主、和谐的师生关系的同时，实现师生生命共同成长。[3]

我们认为，"内生说"揭示了学科教学本有的育人价值，是对教学育人价值的回归，有助于从根本上认识学科德育的本质属性。但"渗透说"与"挖掘说"也具有方法论意义上的指导价值。赫尔巴特"教学永远具有教育性"这一观点，早就对学科德育的本质存在给出了充分的理由。何故现在还要强调学科德育的重要性及其落实呢？原因在于应试背景下，学科教师育人的意识和能力欠缺，导致教育教学过程中实际上存在着不少误区。有人认为"先学科，后育人"，强调知识授受，轻视学生成长；有人认为"我学科，你育人"，认为教学与教育有分工；还有人认为是"学科+育人"，只把二者简单相加，而不是融为一体。[4]总之，部分学者对学科育人的

---

[1] 转引自饶玉梅，易连云.学科德育研究现状及思考[J].美中教育评论，2006（4）：5-9.
[2] 同[1].
[3] 田保华.学科德育是内生"溢出"，非外求"渗透"[J].中国德育，2018（7）：9-10.
[4] 黄忠敬.学科育人：课程政策新走向下的德育新探索[J].中国德育，2016（9）：20-23.

认识存在窄化、泛化和短化的误区。"窄化是重知识轻价值，泛化是过分意识形态化，短化是只追求一时的分数而忽视成长的过程。"[1]为此，才有了从不同侧面强调学科德育重要性的"渗透说"和"挖掘说"。

说关于学科德育的争论具有方法论意义上的指导价值，主要是因为这种争论牵扯到另外一个问题，即不同学科课程的道德价值的实现路径问题。学者顾惠梁认为，学科德育是指"在学科教学活动中，教师以教书育人为宗旨，把握德育时机，利用德育资源，使德育成为教学的有机成分，强化学校德育工作，促进学生素质的全面发展"[2]。从此定义中可以看出学科德育的三个核心因素：教学材料、教学过程和教育者。[3]对于每门课程而言，教学材料是不一样的，只有不断地挖掘教材中的德育资源，才能凸显这门课程独特的德育价值。与此同时，各学科教师在教学过程中以自身的形象和人格魅力对学生产生巨大的、直接的影响，即教师自身德育影响力的实现路径是一样的。如教师的板书设计、语言表达、应急表现甚至仪表都可以在无形中感染学生，进而陶冶学生的情操。只有抓住教学过程的有效时机，并且通过充分发挥教师的人格力量不断渗透德育的影响力，才可以最大限度地形成作用于学生的学科德育的力量。由此我们发现，作为一门学科课程，要发挥其德育功能，学科德育资源的挖掘和教学过程中德育时机的把握以及教师人格影响的渗透，缺一不可。

三、学科德育的类型

培根说："史鉴使人明智；诗歌使人巧慧；数学使人精细；博物使

---

[1] 黄忠敬.学科育人：课程政策新走向下的德育新探索[J].中国德育，2016（9）：20-23.

[2] 顾惠梁.学科德育再探[J].上海教育科研，2000（3）：56-57.

[3] 夏霜.从失范走向规范：学科德育研究述评[J].中小学德育，2018（5）：46-49.

人深沉；伦理之学使人庄重；逻辑与修辞使人善辩。"[1]可谓是"学问变换气质"，其德性便油然而生。学科课程的内容是人类智慧的结晶，也是人类道德理想的载体。中小学的每门课程都有独特的道德价值。比如，语文课蕴含正义、同情、悲悯、人道主义等道德价值；历史课蕴含正义、嘉善、宽容、理解等道德价值；外语课则蕴含尊重、国际理解、宽容等道德价值；数学课蕴含严谨、坚韧等道德价值；科学课则含有敬畏、感恩等道德价值。[2]教师依据课程开展教学，学习者不仅能够从中掌握科学知识与技能，更能在潜移默化之中养成相应精神气质。因此，2017年教育部发布的《中小学德育工作指南》对其他学科课程德育功能作出分类规定，不仅要求根据不同年级和不同课程特点，充分挖掘各门课程蕴含的德育资源，将德育内容有机融入各门课程教学中，发挥其他课程德育功能，还明确规定："语文、历史、地理等课要利用课程中语言文字、传统文化、历史地理常识等丰富的思想道德教育因素，潜移默化地对学生进行世界观、人生观和价值观的引导。数学、科学、物理、化学、生物等课要加强对学生科学精神、科学方法、科学态度、科学探究能力和逻辑思维能力的培养，促进学生树立勇于创新、求真求实的思想品质。音乐、体育、美术、艺术等课要加强对学生审美情趣、健康体魄、意志品质、人文素养和生活方式的培养。外语课要加强对学生国际视野、国际理解和综合人文素养的培养。综合实践活动课要加强对学生生活技能、劳动习惯、动手实践和合作交流能力的培养。"对学科德育作出分门别类的规定，体现了德育工作的科学性、精细化。

要实现学科德育目标，教师要善于从教学内容方面充分挖掘学科教材

---

[1] 弗·培根. 培根论说文集[M]. 水天同，译. 北京：商务印书馆，1983：180.
[2] 朱小蔓. 教师专业发展与教师的道德影响力[J]. 临沂师范学院学报，2006（1）：1-4.

中的德育知识，将德育知识和学科知识有机地结合起来，连同教学活动中的德育因素一起转化给学生，形成学生的思想道德。各学科教师根据本学科的学科特点和教学特色，用德育思想潜移默化地影响学生。仅从教材内容看，不同类型的学科课程，其德育因素也有所不同。

1. 以语文为主的人文类学科课程

语文学科中的德育，是语文教师以教材为主要依托，辅以教师个人的优良品德，在教学过程中不断影响学生，从而对学生进行道德认识、道德意志、道德情感、道德行为的教育活动。语文学科中的德育实施，必须遵循语文学科的特点。有学者研究认为，语文教学德育渗透的原则是要增强德育意识、注意渗透的自然性，要从细节入手、小中见大渗透，要针对实际渗透，要把握时机渗透，要处理好学科教学与德育渗透之间的关系，并提出语文德育渗透的内容主要分为情感教育、美德教育、人生观教育三个方面，其渗透的途径和方法可以归纳为四个方面：发挥教师的主导作用，将德育渗透进课堂的每一个环节；积极开展第二课堂，完善德育教学；关注时政热点，彰显人文魅力；言传身教，春风化雨等。[1]

2. 以数学为主的科学类学科课程

有研究认为，理科教学隐含着"四严"，即严密的逻辑、严谨的作风、严格的标准、严肃的态度。这些都是科学精神的集中体现。同时，实验中的合作、应用例题的取舍，也在一定程度上体现了师生的人文价值观。[2] 张奠宙教授曾将数学学科德育分为数学本身的文化内涵、数学内容的美学价值、数学课题的历史背景、数学体系的辩证因素、数学周围的社会现实、数学教学的课堂环境六个层次。因此，"数学的德育内容主要体现在世

---

[1] 陈海娴.语文教学中的德育渗透［D］.上海：上海师范大学，2011：摘要页.

[2] 柏齐林.设计"课程德育"，执行"课堂德育"［J］.北京教育（普教版），2007（9）：17.

观教育、数学学习品质的教育、审美教育几个方面"[1]。"数学教师不能仅仅停留在数学知识的传递和数学能力的培养上，更要充分发挥数学的德育功能，充分挖掘其中的学科人文精神。"[2]

3. 以体育为主的文体艺类学科课程

有学者认为，思想品德教育是体育教学目标的重要组成部分。在体育教学中，教师应从纪律教育、集体主义教育、顽强品质和竞争意识的培养、互助互爱教育、心理承受能力教育等方面入手，进行有效的思想品德教育。[3] "其它学科的思想品德教育多以说教为主，体育课教学则是寓思想教育于身体活动中，通过练习法、游戏法和矫正法等多种方法进行"[4]，使思想品德教育寓教于乐、寓教于景、情景交融，达到晓之以理、动之以情、导之以行、炼之以意、持之以恒的效果。

4. 以信息技术为主的新兴学科课程

任何一门学科的课程内容及教学过程都蕴含有丰富的德育功能。信息技术作为一门新兴学科，是一把"双刃剑"，它在促进学生自主学习、全面发展的同时，也带来了诸如侵犯知识产权、网络欺诈、网络迷信等一系列道德问题甚至法律问题。因此，信息技术教学除了有与其他学科课程相似的德育价值外，还有属于自己的独特使命，即加强网络道德的引导。

四、学科德育方法

关于学科德育方法，研究成果非常丰富。譬如，戴富强、秦红认为应

---

[1] 张建. 初中数学学科德育课程的开发与实施[J]. 现代教育, 2017（24）：60-61.
[2] 同[1].
[3] 葛书义. 体育课中的思想品德教育[J]. 现代教育科学, 2008（5）：31-32.
[4] 同[3].

根据各学科的教学特点采取不同的教学方法，如：语文课应多采取情境法、角色法和欣赏法，数学课应多采取转化法、比较法和迁移法，英语课应多采取活动法、体验法和引申法，自然学科应多采取模拟法、访谈法，艺术学科应多采取陶冶法和创作法。[1]

又如，张振士在《学科德育渗透与研究》一文中提出，学科德育方法主要有五种。①榜样示范法。在全部教学活动中，教师用其心灵美、语言美、行为美等去影响学生，用崇高的职业道德，规范的言谈举止，给学生树立榜样。②潜移默化法。在知识传授过程中融合思想品德教育，使二者水乳交融地给学生心灵以启迪。③画龙点睛法。在传授知识过程中，用富有哲理的语言对教学内容加以概括，并上升到一个新理论高度，起到画龙点睛的作用，这哲理就是德育的精髓。④水到渠成法。将教学内容演绎成为推理过程，使德育内容随教学内容向前运动而逐渐浸润学生心灵。⑤兴趣诱导法。将知识讲解形象化，德育内容情趣化，以引起学生兴趣，调动学生积极性、主动性。[2]

如果说戴富强等人提出的学科德育方法基于每门学科的特殊性，具有很强的针对性，那么张振士的学科德育方法则适用于每门课程的每一节课，具有很强的普适性。

学科德育的关键在于以学科为本发挥育人作用，若无法抓住关键则什么方法的应用都会失范、失效。为此，李敏、张志坤提出学科德育的三原则：①学科德育的资源是在教学中自然生成的，由教学资源自然体现；②学生在道德故事或道德事件中处于自由、有意识的状态；③学生愿意利用教学中的道德资源，并积极思考，同时伴有正当的情感与态度。[3]这三个原

---

[1] 戴富强，秦红.试论学科教学中的德育方法[J].教育研究，1995（9）：67-70.

[2] 张振士.学科德育渗透与研究[J].辽宁教育.2000（22）：40-41.

[3] 李敏，张志坤.审议与反思：学科德育的教学表现样态[J].教育发展研究，2014（22）：12-15.

则也可以成为学科德育方法是否适用、是否科学的评价标准。

总之，学科德育是道德教育最重要的途径之一，其作用的发挥最大限度地体现了一位老师的敬业精神和专业素养，特别是德育专业素养。

【资料】

学科德育的实践途径

首先，从教学目标的角度来看，各科教学应当把握好"教学的教育性"特征。其次，从教学内容的角度来看，各科教学应当重视去挖掘本学科中的价值因素，实现知识教学与品德教育的有机融合。再次，从教学方法的角度而言，各科教学应增强学科德育的欣赏性与生活性。学科德育在德育方法上可以有多种多样的选择，可以根据不同学科的特点来对学生进行道德教育。最后，从教师的角度来看，应提高各学科教师的德育自觉性，使各科教师都愿意参与到德育工作当中。

（选编自叶飞《学科德育的实践意蕴及其实现途径》，《课程·教材·教法》2009年第8期）

第三节　隐性德育课程

广义的隐性课程又称作"潜在课程""非正规课程"等，是指学生在学校正规课程之外从团队活动及各种社会关系中有意或无意中受到的非学术性的、非计划性的、隐含性的有关道德认识、规范、价值观和态度等方面的影响。隐性课程对德育的重要性，决定着德育工作者必须以积极主动的态度去对待和处理隐性德育课程的问题。

一、隐性德育课程

在我国当前研究中，有关隐性德育课程的分歧较少，绝大多数学者倾向于认可魏贤超关于隐性德育课程的分类。魏贤超提出，隐性德育课程分为四类：一是学科课程中的隐性德育课程，包括学科性德育课程和其他学科课程中隐含的育德因素；二是活动课程中的隐性德育课程，包括活动性德育课程和其他活动课程中的育德因素；三是学校教育体制中的隐性德育课程；四是教育环境气氛方面的隐性德育课程。[1]我们这里谈的隐性德育课程是指狭义的隐性德育课程，即学科课程中的隐性德育课程。它虽不

---

[1] 魏贤超.整体大德育课程体系初探[J].教育研究，1995（10）：48-54.

同于广义的隐性德育课程，但和广义的隐性课程对道德教育的重要性一样，学科课程教学过程中的隐性德育课程对道德教育也有着至关重要的影响。

无论是"挖掘说""渗透说"还是"内生说"，都离不开或者说都需要非常重视狭义的隐性德育课程及其功能的发挥。狭义的隐性德育课程教学包括德育专门的课程教学以及其他学科课程教学，具体来说是指学校主要德育课程中非预期的德育影响和其他学科中的德育成分。它的内涵远远小于隐性课程。但隐性德育课程具备隐性课程的基本特征。

有研究指出，隐性课程具有以下特征：①潜在性。隐性课程一般借助于显性课程的形式或其他方式存在，学生受到影响通常是无意识的。②积累性。隐性课程效果的产生是逐渐的量变过程，只有经过量的积累才能产生质变。③稳定性。由于其效果是长期积累的，所以影响较稳定持久。[1] 由此可见，隐性课程对学校德育有特殊的意义，在学生思想品德的形成与发展过程中具有不容忽视的广泛影响。学校必须充分开发、挖掘隐藏在其中的德育因素，使得存在于课堂、教材、学生活动、校园中的潜在教育性因素，转变为具有教育性的课程因素。除此之外，我们所追求的完整课堂中的隐性德育课程还应该具有正向性。因为，隐性课程的影响力不一定都是正向性的，实现其正向性尚有赖于对隐性课程的美化和优化。美化和优化隐性德育课程的过程就是学科德育育人价值不断实现的过程。换言之，只有隐性德育课程之中的影响因素都是正向性的，专门德育课程以及学科课程的育人价值才能最大化实现。否则，德育专门课程的预期教学目标将会受损，学科课程的育人价值也将不能完成。因此，对于隐性德育课程的隐性影响源，必须予以重视，它才是决定专门德育课程实效性以及学科课程德育功能发挥的重要因素。

---

[1] 戚万学，杜时忠等.现代德育论［M］.济南：山东教育出版社，1997：362.

如果说，学科德育相对于专门德育课程，其影响是隐性的，那么隐性德育课程相对于学科知识中的德育因素，其影响更加隐性。然而，隐性德育课程的影响更加普遍，因为学科性质不同，学科知识的德育因素会有所不同，但对任何一门学科而言，其隐性德育课程都是最为普遍和广泛存在的。其作用的发挥不会因为学科不同而打折扣，因此更加需要重视。隐性德育课程是学科德育作用发挥的重要的、前提性的组成部分。

二、隐性德育课程的影响源

按照课程教学的一般规律，我们认为课堂教学中，最普遍的、最常规的隐性德育课程影响源主要包括教师的教学方式、学生的学习方式以及教师自身的人格影响。

1. 教师的教学方式

英国道德教育专家泰勒（Taylor）曾指出："价值观教育得以实现的形式方面，比价值观教育的内容本身更为重要，事情是怎么说的、做的，要比说了什么、做了一些什么更有影响力。"[1]在教学中所采用的方式方法有可能会深深地影响学生的态度和性格。如果教师采用以灌输、记忆和背诵为主的方法，往往会养成学生盲从甚至屈从的态度与性格。相反，教师如果注重启发学生独立思考，引导他们发现问题、解决问题，就可能培养学生探究的意识和能力，养成学生创造性的态度与人格。[2]学生的这些人格特征，可以通过教师的教育方法得以激发与强化。在此时，教师的教育方法或许可以被视为一种道德教育，但其实它是课堂上道德教育成

---

[1] 转引自周晓静.课程德育：走向整合的学校道德教育[J].教育学术月刊，2009（2）：24-30.

[2] 周晓静.课程德育：走向整合的学校道德教育[J].教育学术月刊，2009（2）：24-30.

立的条件。

2. 学生的学习方式

有学者认为："自主、合作、探究，是新一轮基础教育课程改革所倡导的三种学习方式，也是学科教学中所要培养的'现代人'的重要素质，是德育在学科教学中渗透的重要内涵与要素。"[1]此学者进一步提出：自主式学习有助于培养学生独立自主的品格，有利于学生健康人格的形成；合作式学习能使学生懂得与人交往，懂得如何处理人与人之间的相互关系，从而培养起与人合作、与人分享、尊重人、接纳人的现代人的优秀品质；探究式学习能使学生在探究中培养不怕困难、不怕挫折的性格，能让学生养成实事求是、勇于探索的习惯，还能培养学生科学的态度和对真理追求的执着的禀性。[2]不同的学习方式有助于不同的思维方式和性格特征的形成，和教师的教学方式一样，与其说这是一种道德教育，还不如说这是道德教育产生的前提，是一种潜在性的道德教育。

3. 教师的人格影响

所有的学科无一不在发挥着各自的教育功能，只不过是教师的人格影响使这种教育功能有"正效应"与"负效应"之分。因此，教书育人，落实课堂教书育人的"正效应"是教师永远追求的目标。这里所强调的教师的人格影响主要包括教师的健康人格、优秀道德品质等方面。教师的优秀道德品质、优良的师生关系对学生的道德影响，也就是教师自身作为道德教育资源所发挥的作用。如果将教师的健康人格作为学科教学中渗透德育的重要的"课程资源"且不打折地得到落实的话，那么学生每天都可以读到这本最丰富、最生动、最具有感染力的教科书。[3]"认识到这一点，

---

[1] 张伟.关于新课程与学校德育的几点思考[J].中小学教师培训，2004(11)：53-55.
[2] 同[1].
[3] 同[1].

我们教师要更自珍、自爱、自重。当自己进入学科教学领域，就要想到自己是学生的教科书，是对学生进行'德育'的重要的'课程资源'"[1]，要注意自己的言行举止对学生的精神世界所产生的影响。

事实上，一个有真正功底和教学艺术魅力的教师，在他们的课堂上，人格的影响以及德育的融合是自然而然的。每当这个时候，实际上就用不着大声呼吁要充分发挥学科教学的育人功能了，因为"无教育的纯教学"是不存在的，因为育人已无处不在。

三、隐性德育课程的特征

隐性德育课程的作用是无穷的，教师所要付出的努力也是无止境的。就课程教学领域而言，隐性德育课程功能的发挥和表现方式也是非常有特色的。

1. 隐蔽性

苏霍姆林斯基说："教育者的教育意图越是隐蔽，就越是能为教育的对象所接受，就越能转化成教育对象自己的内心要求。"[2]主观上，教师必须要有学科德育的强烈意识，但在教学过程中，教师却要将这种主观意识藏起来，让学生在充分的自主意识的支配下，自觉自愿地接受教育。如：在一堂小学数学课上，教师发现一个学生在做小动作，暗示多次，这位学生都没意识到自己的问题。于是，教师将他叫上讲台，请他在黑板上用左手画长方形，用右手画正方形，并且左右手同时进行。学生尝试多次后表示画不好。教师便问他这说明什么道理，学生回答"一心不可二用"。

---

[1] 张伟.关于新课程与学校德育的几点思考[J].中小学教师培训，2004（11）：53-55.
[2] 转引自张鲁川.关于新课程背景下学科德育的若干思考[J].思想理论教育，2006（10）：45-48.

教师没有批评、训斥，也没有把矛盾推向班主任，而是借事明理，让学生懂得了道理。[1]

2. 非预期性

要对隐性德育课程设定一个显性的德育目标是不现实的，因为隐育德育课程所产生的德育影响往往是不可预期的，是一种隐性的德育影响。譬如上文提到的这个例子，它完全是突发的事件，其德育影响力的产生主要依赖于教师的职业敏感性和教育智慧。

3. 非系统性

专门的德育课程是比较系统的道德教育课程教学，但是学科德育并不以系统的方式开展道德教育。对于隐性德育课程而言，这种系统性就更加薄弱。

4. 持续性

隐性德育课程的持续性主要有三层意思：第一是时间上的持续性。课程教学是学校教育最主要的组织形态，学生每天都在接受着各种各样的课程学习，隐性德育课程伴随学生的学校生活全过程。第二是空间上的持续性。隐性德育课程存在于每一门学科教学之中，存在于学生的各科教学活动之中。第三是影响上的持续性。无论是好的影响还是坏的影响，大部分隐性德育课程的影响力都是一点一滴、潜移默化地产生的，且其影响一旦产生，也具有很强的持续存在能力。

对于隐性德育课程的关注和研究，不仅使学校追求时时、处处、人人育人的教育理想，也从认识上助推家校社协同育人理念的形成，并为相关措施的实施赢得了最广泛的舆论支持。

---

[1] 张鲁川.关于新课程背景下学科德育的若干思考[J].思想理论教育，2006（10）：45-48.

【资料】

隐性德育课程的设计

　　隐性德育课程能否进行设计？这个问题在学术界存有争议。有学者认为，隐性德育课程具有自身的特点和功能，如果有意识地对其加以设置，可能会使"隐性课程"变成"显性课程"，并使得隐性德育课程的优势丧失。随着研究的深入，更多学者认为，我们应当把隐性德育课程作为一门课程来设置，使其更多地处于教育者的意识控制之下而发挥更大的积极作用。学者佘双好提出，隐性德育课程的设计包含着可设计性和不可设计性的统一。可设计性是说教育者可以根据隐性德育课程的特点进行有目的、有计划的开发，去唤醒隐藏在教育过程中的影响学生思想道德素质发展的隐性因素，使之成为一种有目的、有计划地对学生思想道德素质发生影响的教育资源。而不可设计性主要是指因为隐性德育课程具有动态性、活动性等特点，这方面的德育课程内容无法通过事先的设计进行预期。

　　在对隐性德育课程设计的过程中，必须遵循隐性德育课程设置的原则。原则主要包括：①学校隐性德育课程的设置与家庭、社会教育环境的优化相结合。隐性德育课程是一项复杂的工程，它受家庭、社会中各种复杂因素的影响，需要家庭和社会的配合与支持，离不开家庭和社会环境的优化。②隐性德育课程的设置与显性德育课程的设置相结合。德育的隐性课程与显性课程是学校教育不可分割的部分，它们在内容上相互渗透，在功能上相互补充。只有二者相互结合，才能使学生的认知结构与品德结构和谐发展。③隐性德育课程的设置要把物质环境和精神氛围的营造结合起来。学校的精神氛围也是人际环境和心理环境，学校物质环境与其是彼此作用、相互影响的，它们共同构成一个整体教育环境以发挥德育效能。④隐性德育课程的设置要遵循因校制宜的原则。各校要根据具体情况，充分发挥学校自身的优势和特长，设计出别具一格、卓有实效的隐性德育课程。

（选编自李晓蕾《我国德育课程研究综述》，硕士学位论文，华中师范大学，2006，第32—34页）

第四节　校本德育课程

校本德育课程是伴随校本课程的兴起而出现的。校本课程顾名思义是以学校为本，即从学校实际出发挖掘整合教育资源、以学校力量为主进行课程开发。教育部也曾明确指出，学校可以在确保国家课程实施的基础上，根据教育的现实需要开设校本课程，发挥学校自身优势，整合校本资源为教育服务。

一、校本课程的兴起

我国中小学课程长期采用集中统一的国家课程开发方式。绝大多数的学校和教师在课程资源方面的意识淡薄，在课程资源开发过程中一直处于缺位状态。同时，近乎大一统的课程管理方式，虽然已经充分考虑了各省市教育的共性，但也确实很难兼顾所有地区的实际而具体的情况，尤其是教师和学生的实际情况。

因此，在世纪之交，中共中央、国务院发布《关于深化教育改革全面推进素质教育的决定》，又召开第三次全国教育工作会议。《决定》强调"调整和改革课程体系、结构、内容，建立新的基础教育课程体系，试行国家课程、地方课程和学校课程。改变课程过分强调学科体系、脱离时代和社会发展以及学生实际的状况。抓紧建立更新教学内容的机制,加强课程的综合性和实践性,重视实验课教学,培养学生实际操作能力",初步明确了"国家课程、地方课程、学校课程"三级课程管理模式。这确保学校在课程管理上有部分的管理权、决策自主权。

2001年6月,教育部颁布《基础教育课程改革纲要(试行)》,详细介绍了基础教育的课改内容和今后的实践方向,标志着新课改全面启动。《基础教育课程改革纲要(试行)》明确指出:为保障和促进课程适应不同地区、学校、学生的要求,实行国家、地方和学校三级课程管理。教育部总体规划基础教育课程,制订基础教育课程管理政策,确定国家课程门类和课时。制订国家课程标准,积极试行新的课程评价制度。省级教育行政部门依据国家课程管理政策和本地实际情况,制订本省(自治区、直辖市)实施国家课程的计划,规划地方课程,报教育部备案并组织实施。学校在执行国家课程和地方课程的同时,应视当地社会、经济发展的具体情况,结合本校的传统和优势、学生的兴趣和需要,开发或选用适合本校的课程。新课程改革的目的是改变课程管理过于集中的倾向,建立起国家、地方、学校三级课程管理体制,既保证基础教育的基本质量,又提高课程的适应性。校本课程的兴起,为学校校长、教师投入改革提供了条件,使他们从被动的执行者,变成积极的参与者。

二、校本课程与校本德育课程的关系

新课程改革的实施,不仅推动基础教育的教师观、学生观、教学观等发生了翻天覆地的变化,同时也为学校德育工作提供了广阔空间。从设计之初看,校本课程与校本德育课程是存在差异的,但从我国实际情况看,学校大部分校本课程都是校本德育课程。为什么这么说呢?原因有如下三条:

1. 校本课程是学校形成特色的主要方式

学者郑金洲在《走向"校本"》中这样解释：所谓校本，一是为了学校，二是在学校中，三是基于学校。为了学校，是指要以改进学校实践、解决学校所面临的问题为指向；在学校中，是指要树立这样一种观念，即学校自身的问题要由学校中的人来解决，要经过学校校长、教师的共同探讨、分析来解决，所形成的解决问题的诸种方案要在学校中加以有效实施；基于学校，是指要从学校的实际出发，所组织的各种培训、所展开的各类研究、所设计的各门课程等，都应充分考虑学校的实际，挖掘学校的各种潜力。[1]这样的校本课程开发与实施，一定是有助于学校特色化发展的。然而，学校是育人的地方，任何特色都必须以培养人为前提，都必须以人的德智体美劳全面发展为前提。再加上，校本课程开发有助于提高德育的实效性和针对性。因此，校本课程在存在的目的上，一开始就天然地与德育密不可分。

2. 校本课程主要表现为活动课程

目前大部分学校的校本课程都是基于学校办学理念和师生实际情况开发的，在性质和形式上与活动课程非常相似。学校德育特色基本上就表现为组织丰富多彩的学校活动。在学校中，校本课程等同于活动课程，活动课程等同于德育特色的现象普遍存在。

3. 校本课程在实际执行中多被当成综合实践活动课程

综合实践活动课是国家规定的必修课程，有规定的课时，但没有教材，本身也依赖于学校开发。在应试教育压力下，学校自主开发、设计的校本课程被用来作为综合实践活动课的内容的现象极为普遍。

因此，校本课程的开发和使用常常与学校德育工作密不可分。校本课程的发展也使得学校德育工作特色鲜明、丰富多彩。但如何利用校本课程

---

[1]郑金洲.走向"校本"[J].教育理论与实践，2000（6）：11-14.

正确开辟德育的新途径,如何正确实现校本课程德育化与学校德育校本化的整合,仍然是每一位教育工作者不断思考和探索的新课题。

三、校本德育课程的开发

校本德育课程的开发是加强和改进德育工作的一个重要环节,也是全面实施素质教育的重要组成部分。"校本德育课程的开发一方面扩充国家课程的广度,弥补国家课程的深度,另一方面也体现学校变革发展的自由个性旨趣,彰显学校自身发展历史与教育逻辑。"[1]

开发校本德育课程的题中之义是:在现代德育价值观和青少年道德形成客观规律的指导下,根据不同阶段学生道德发展的需要,充分挖掘学校、班级、社区的德育资源,加以优化组合,形成能体现本校特色、时代精神并具有实效性和针对性的校本课程体系,从而努力达到"校园处处有德育""生活处处现课程"的目标。

概括地说,校本德育课程开发大致可从三个基本层面进行区分:"一是在国家的课程框架体系内,教育主体从落实道德教育出发,对各类课程所进行的规划、设计、实施与评价,此为校本德育课程开发的广义;二是学校、教师作为教育主体从取得德育实效出发,对于各类课程进行的校本化规划、选择与落实;三是学校、教师作为课程开发主体在国家预留的课程空间内,从地区、学校实际出发所进行的、完全自主意义上的德育课程开发。"[2]

无论是哪一层面的校本德育课程开发,其主要原则都有以下几点:

---

[1] 戚韵东,李亚娟.论校本德育课程实践的基本原则[J].中国德育,2018(4):35-38.
[2] 郑航.校本德育课程开发:特征、目标与策略[J].教育科学研究,2006(11):32-35+43.

①个性化。这是校本德育课程最主要的存在价值，它是弥补国家课程、地方课程无法兼顾学校个性化需求而产生的。因此，其课程一定是基于学校实际情况而开发、设计的，其结果一定是反映学校自身特点的，具有典型性、特殊性和针对性。②开放性。校本德育课程在内容上一定是与学生的生活实际密切相关，一定是与智育、体育、美育、劳动教育等各方面的教育密切相关，一定是与学生的发展变化密切相关。学生的生活是多彩的、多维的，智育、体育、美育、劳育内容是丰富的，学生的发展变化也是动态的，这就意味着校本德育课程在内容上要保持足够的开放性与兼容性，随时根据需要和变化进行调整。③参与性。校本德育课程在形式设计上要充分调动教师和学生的热情和智慧，使其能持续参与其中，同时也着力培养教师和学生积极参与、主动创造的意识和解决问题的能力。

关于校本德育课程开发的主要方式，有学者提出了以下六种：一是选择德育课程。它是指从众多可能的德育课程项目清单中选择出适合本学校需求的课程。这属于校本德育课程开发最为初级的方式。二是德育课程改编。教师根据课程活动对象与情境的不同，对国家德育课程的目标与内容加以修改，也包括对国外引进的道德教育课程进行本土化改造。这属于校本德育课程开发最为基础的方式，但目前从全国范围看，这种方式的空间还很大，还没有引起足够重视。三是德育课程重组。根据对学生对象或学习情境的特定考虑，对国家与地方德育课程的目标、内容、组织方式等进行修改，包括增加、删除、改变呈现顺序等。四是各类课程的德育功能整合。将与德育相关的其他学科知识，根据主题学习的需要加以整合，其目的是达成德育知识在各学科知识的有效渗透。五是国家与地方德育课程的补充或拓展。它是指为配合国家与地方德育课程目标的落实而开发补充性、拓展性德育材料或德育活动。它既可以是矫正性的、补救性的（补偿性德育课程的自主开发），也可以是提高性的（增强性德育课程的自主开发）。

六是德育课程新编。它指的是开发全新的德育课程板块或课程单元,如突出学校特点的"历史文化传统课程",突出地方需要的"乡土德育课程"等。这是目前校本德育课程最为常见的开发形式。[1]第三、四、五最需要专业化的德育队伍作支撑。目前看,这几种开发方式的利用也是不够的。

就我们最常见的德育课程新编这种方式而言,其校本德育课程也有如下类型:以社团为单位开展的校本德育课程,以班级为单位开展的体现班级特色的校本德育课程,以学科为单位开展的体现学科特色的校本德育课程,基于学生不同的兴趣而开展的体现学校多样性的校本德育课程,基于不同的主题教育而开展的校本德育课程,等等。

校本德育课程的开发与实施,不仅满足了学校特色发展的需要,同时也是全体教师体验职业幸福感和实现德育专业成长的主要方式,更重要的是校本德育课程开发与实施,是以充分尊重学生的主体性,调动学生的参与意识为前提的。这样的校本德育课程的实施,会让学生在研究性道德学习中自觉体悟,真正实现道德上的自我觉醒和自我发展。

但是,校本德育课程未来的发展仍然需要专业指导和一定程度的行政规范。特别是当前还存在着盲目跟风、随意开发的现象,要解决问题、追求更好的发展,都急切需要专业指导和行政规范。基于此,2019年6月,中共中央、国务院印发《关于深化教育教学改革全面提高义务教育质量的意见》。《意见》提出要"加强课程教材建设",并从国家、省级教育部门、县级教育部门、学校等不同层面对此作出明确规定。为进一步加强对中小学校本课程的开发与管理,《意见》明确提出,"学校要提高校本课程质量,校本课程原则上不编写教材"。这既是对多年来校本课程开发乱象的规范,同时也是对未来校本课程发展的方向引导。

---

[1]侯玉丹.中学德育校本课程建设问题的研究[D].长春:东北师范大学,2006:8.

【资料】

校本德育课程开发的策略

校本德育课程开发是以道德价值为核心、基于组织成员之间的交往与互动的一种动态生成过程。它以一定的课程开发思想为指引，遵循校本课程开发的基本原则，其一般过程为：条件或背景分析—确定目标—设计开发—评价。

①厘定核心价值并通过它们进行课程统整。也就是以核心的道德价值为指引，有意识地将学校生活及诸种教育要素与道德价值紧密结合，并使之具有内在一致性。这些核心价值是学校文化的内核，是基于道德教育实施课程统整的"路标"。无论以何种方式确立的核心价值，都必须能反映国家德育纲要和课程标准的基本精神，体现学校的教育理念和社区特点，要让学生、教师尽可能参与其中且加以切身体会。

②确定开发类型。确定校本德育课程开发的类型，需要在核心价值指引下，综合考虑国家课程政策、学校条件（人力、物力、财力等）、师资状况及学校传统等因素。从我国现行的中小学德育课程体系及其运行方式上看，校本德育课程开发大致可划分为三类：一是以德育课程标准和国定教科书的内容体系为框架，设法根据本地、本校实际来加以落实的课程开发，即德育课程资源开发；二是在国家预留的课程空间内，以活动内容或教育主题为中心，或者围绕有效解决德育实际问题而展开的课程开发，可称为专题性（或主题性）德育课程开发；三是依据国家德育纲要和德育课程标准，进行完全意义上的系统、全方位的自主开发，可称为整体性德育课程开发。实践中尤以前两者为常见。另外，根据课程开发的不同着眼点，还可以把校本德育课程开发区分为四类，即目标取向型、内容取向型、过程（或问题）取向型、条件（或资源）取向型。

③选择课程开发模式。在课程开发的技术层面上，校本德育课程开发

可以遵循课程开发的一般原理，采用目标模式、过程模式、实践模式及批判模式等。实践中，不同的校本德育课程开发类型往往与不同的课程开发技术相联系，不同的开发类型既可选择不同的课程开发技术，也可综合运用不同的技术。

（选编自郑航《校本德育课程开发：特征、目标与策略》，《教育科学研究》2006年第11期）

第三章

德育活动

　　百花齐放、精彩纷呈的学校德育活动已经成为中国当代德育实践中绕不开的风景线。德育活动的繁荣，一方面是由于无论是理论研究者、政策制定者还是教育实践者，都逐渐认识到活动的德育意义。从某种意义上说，相对于其他学科，活动课程实际上是道德教育最关键、最重要的课程形式。另一方面，许多一线德育工作者在教学实践中，往往将德育活动等同于学校德育，并将其视为工作的重中之重。基于历史的考察和现实的考量，本书特意将德育活动进行专门论述，以呈现其发展特征与实践特色。

第一节 节庆日活动

　　节庆日乃是具有文化性、稳定性和强化效应的教育资源，易于为学校和教师所利用，以对学生实施道德教育。所谓文化性，即节庆日承载了丰富的文化基因。一般认为，一个日子能够被确立为节日或纪念日，一定是因为具有某种特殊意义，随着节庆日文化的发展，其意义还可能进一步丰富。从丰富的意义中择取教育素材，乃是节庆日活动的一大优势。稳定性，则是指节庆日由于时间固定，对于学校和教师而言，具有教育上的便利性——学生会随着时间推移，自觉意识到教育活动的临近，教育行为的发生也更为自然。而且由于时间固定，节庆日活动往往是按照一定周期循环，这就更加有利于活动的改善和创新。强化效应，则是指节庆日的意义往往是学生所在社会群体所共享的。节庆日来临时，学生身边的重要他人，皆积极参与到庆祝活动中，这就会进一步强化学生对于节庆日之意义的吸收。

　　利用节庆日资源来实施德育，是我国开展德育活动的重要经验。通过梳理德育政策可以看出，节庆日活动很早就进入政策制定者的视野，如1988年的《中共中央关于改革和加强中小学德育工作的通知》就特别指出："重要纪念日前后要集中进行爱国主义教育。"经过近三十年的发展后，在2017年发布的《中小学德育工作指南》中的活动育人途径里，可供利用的节庆日被一一列出。可见，通过理论和实践的积累，节庆日教育资源已得到比较充分的挖掘。

一、中华传统节日教育活动

中华传统节日，因其悠久的历史和深刻的内涵，已获得社会大众最多的关注和最深的认同。就政策文本来看，早期的文件并没有直接点明"中华传统节日教育活动"，而是将中华传统节日归入"重大节日"中作出笼统的要求。直至2001年颁布的《公民道德建设实施纲要》明确提出，要利用民间传统节日进行群众性纪念和庆祝活动，使人们增强对祖国、对家乡、对自然、对生活的热爱，陶冶道德情操。2004年的《中共中央、国务院关于进一步加强和改进未成年人思想道德建设的若干意见》中罗列了一系列节庆日，其中就包括传统节日，并要求学校据此开展德育活动。

2005年，中宣部、中央文明办、教育部、民政部、文化部联合印发《关于运用传统节日弘扬民族文化的优秀传统的意见》。《意见》对传统节日的意义、内涵、弘扬民族文化的路径等方面进行了详尽的阐释，对后续工作的实施起到了纲领性的作用。《意见》在传统节日的文化内涵部分，阐述了一些最具广泛性和代表性的传统节日的内涵，如重阳节要突出敬老孝亲的主题，大力弘扬尊老敬老的传统美德。这些内涵为德育活动的开展指明了方向：学校和教师在利用传统节日进行德育活动时，应将突出这些内涵的道德资源作为教育内容，最终使学生能够内化这些意义。《意见》中还专门有一部分为"精心组织重要传统节庆活动"，其中强调："把传统节庆活动与精神文明创建活动有机结合起来，进一步拓展创建活动的渠道和空间，使传统节庆活动成为社会主义精神文明的重要载体。"可以说，这一文件再次明确了传统节日活动在德育实践中的重要作用。类似的，中共中央办公厅于2013年印发的《关于培育和践行社会主义核心价值观的意见》也指出，要"重视民族传统节日的思想熏陶和文化教育功能"，"发挥重要节庆日传播社会主流价值的独特优势"。

2014年，教育部发布《完善中华优秀传统文化教育指导纲要》。《纲要》指出，"坚持课堂教育与实践教育相结合"乃是加强中华优秀传统文化教育的基本原则之一，其内涵是：既要充分发挥课堂教学的主渠道作用，又要注重发挥课外活动和社会实践的重要作用。课外活动和社会实践的具体形式也在《纲要》中被罗列出来，如主题教育、理论研讨、社会实践、志愿服务、文艺体育等。

传统节日教育活动的研究较为丰富。尤其是在2005年《关于运用传统节日弘扬民族文化的优秀传统的意见》印发之后，研究数量骤增，呈现出一种"节日热潮"[1]。民俗学者将传统节日作为重大的民族文化遗产，对其可为今日所利用之处展开深入研究。[2]而教育学者则在如何利用这些文化遗产培养学生的道德品质上下功夫，如强化传统节庆活动的德育功能[3]，拓展传统节日在生命教育中的应用[4]。另有学者专门针对某一节日进行深入研究，如利用春节进行儿童道德品质的养成教育[5]。

---

[1] 萧放，董德英.中国近十年岁时节日研究综述[J].民俗研究，2014（2）：75-89.
[2] 萧放.传统节日：一宗重大的民族文化遗产[J].北京师范大学学报（社会科学版），2005（5）：50-56.
[3] 张兰.中国传统节庆活动的德育功能研究[D].武汉：华中师范大学，2013.
[4] 李保强.中国传统节日：生命意义的生发及其教育价值[J].山东社会科学，2011（2）：59-61.
[5] 张志坤.论儿童的道德养成与文化习得——以传统节日春节为例[J].中国德育，2017（2）：42-45.

这些年的中华传统节日教育活动的发展有一个突出的特点，即活动以爱国主义教育为主要目标。这一点从各类爱国主义教育政策文本中就可以清楚看到：这些文本中经常提及传统节日教育活动。1994年，中共中央发布的《爱国主义教育实施纲要》就指出："可以结合重要节日、纪念日，组织参观、瞻仰、祭扫活动。"2016年，中共教育部党组印发的《关于教育系统深入开展爱国主义教育的实施意见》也提出，应"积极引导各地各校利用我国改革发展的伟大成就、重大历史事件纪念活动、爱国主义教育基地、中华民族传统节庆、国家公祭仪式等来增强青少年学生的爱国主义情怀和意识"。

中华传统节日教育活动,的确对爱国精神的培育具有重要意义。首先，传统节日携带着民族文化的基因，在传统节日教育活动中，学生能够学会更加全面、准确地认识中华民族的历史传统，并在深入理解的基础上，加深对中华文化的感情。其次，传统节日中蕴含的价值观对学生适应当代社会生活有着重要作用，当西方的各种思潮涌入之时，有助于学生能够站定立场，坚持中华民族的优秀道德品质。最后，传统节日能够成为学生走向世界时，留存于心底的情感寄托。随着国力提升，越来越多中国人亮相于世界舞台，遍布全球的中国游子需要共度传统节日这一特殊时刻来抒发思乡之情。总而言之，传统节日教育活动有利于学生理解昨日中国、立足今日中国、建设明日中国，是爱国主义教育的重要组成部分和有效途径。

当然，爱国主义教育这一主要目标并不会影响学校和教师挖掘传统节日的其他意义。下文展示的便是河南省郑州市郑东新区众意路小学开展的清明节的教育活动。学校和教师通过不同类型的活动，让学生认识到不同道德品质的精神魅力，并心向往之。

【案例】

清明节的教育活动

一是要探究清明由来，认识晋国名臣介子推，了解介子推有功不居、不图富贵的高风亮节。二是制作家史。孩子们手工制作纸花，拟制挽联纪念祖先；制作"家族树"、续写家谱，了解自己的家族文化，挖掘潜藏在自己家族血液中的艰苦奋斗、生生不息的精神。由此学生初步形成尊亲敬祖、孝老敬贤的传统伦理观念。三是继承英烈遗志，践行家国梦想。"烈士陵园英雄小传"的写作活动，是为了让学生们追念先辈和革命烈士的高贵品质，了解革命烈士的感人事迹，珍惜今天的幸福生活。在孩子们幼小的心田种下"正心、诚意、修身、齐家、治国、平天下"的种子。

（选编自王艳娟《以节气课程树文化自信》，《中国德育》2017年第1期）

二、重大节庆日、纪念日、主题教育日活动

除了中华传统节日，我国还有很多重大节庆日和纪念日，我国教育政策对于这些日子也非常重视。1990年国家教委印发的《关于进一步加强中小学德育工作的几点意见》特别指出："今年是鸦片战争150周年，各地和学校都要抓住这个时机，对中小学生进行一次深入、生动的反帝爱国教育。"1993年国家教委发布的《小学德育纲要》是改革开放后第一个小学德育纲要性文件，其中也指出"利用重大节日、纪念日举行全校性传统教育活动"。类似的，1995年国家教委发布的《中学德育大纲》也提及了"重大节日、纪念日教育活动"。2001年中共中央发布的《公民道德建设实施纲要》在民间传统节日之外，还提到了"五四""七一""八一""十一"等革命节日，"三八""五一""六一"

等国际性节日，以及重大历史事件、历史人物纪念日等。当然，最为全面的总结还是2017年8月教育部发布的《中小学德育工作指南》。六大育人途径的"活动育人"部分明确写道："利用植树节、劳动节、青年节、儿童节、教师节、国庆节等重大节庆日集中开展爱党爱国、民族团结、热爱劳动、尊师重教、爱护环境等主题教育活动。利用学雷锋纪念日、中国共产党建党纪念日、中国人民解放军建军纪念日、七七抗战纪念日、九三抗战胜利纪念日、九一八纪念日、烈士纪念日、国家公祭日等重要纪念日，以及地球日、环境日、健康日、国家安全教育日、禁毒日、航天日、航海日等主题日，设计开展相关主题教育活动。"可以看到，该《指南》不仅列出了可供选择的节庆日教育时机，而且简要点明了该教育资源可能指向的教育目标。后续配套出版的《中小学德育工作指南实施手册》对各类活动究竟应该如何开展提供了详细指导，如：植树节时，"小学阶段可开展在班级和校园内种植绿色植物、为班级和校园内花草树木制作信息卡等活动；中学阶段可通过研学旅行、社会实践等形式到绿色植被稀少的地区种树，走进社区宣传绿色发展理念"。

从过往的德育政策来看，国家对于重大节庆日、纪念日、主题教育日教育资源的开发，发生了一些变化。

1. 被纳入视野的教育资源更多了

这一方面是由于国家综合实力提升，为教育提供了更多主题教育资源。2017年的《中小学德育工作指南》中提及的许多主题教育日，是当时新设立的。如，中国航天日是2016年国务院批复同意设立的，以纪念中国航天事业成就。另一方面，则是由于教育理念的更新和教育视野的开阔，越来越多的时间点被教育政策制定者和教育一线实践者关注。如6月26日的国际禁毒日，在过去并不被重视，但随着中小学毒品预防宣传教育活动的推进，这一教育资源得到了许多学校的有效利用。

2. 对这些教育资源的功能的理解更丰富了

一开始时，政策文本更注重节庆日在爱国主义教育方面的作用，但发展至今天，政策已能够根据不同类型的节庆日、纪念日、主题教育日的内容和特色指出其可能培养的道德品质。理解的丰富，不仅意味着功能由单一走向多元，还意味着功能的变迁——一些教育资源的功能可能随着社会的发展发生变化。学雷锋纪念日的教育活动就是一个典型的案例。从表3.1可以看出，设立学雷锋纪念日的初衷，是号召广大人民学习雷锋作为一名共产主义战士的优秀品质。20世纪80年代，学雷锋活动的阶级教育色彩被淡化，学雷锋活动的倡议出现在"全民文明礼貌月"的倡导中。进入21世纪，学雷锋活动并没有式微，而是被要求实现常态化。2011年10月，党的十七届六中全会审议通过《中共中央关于深化文化体制改革推动社会主义文化大发展大繁荣若干重大问题的决定》。《决定》明确要求："深入开展学雷锋活动，采取措施推动学习活动常态化。"要想实现常态化，雷锋精神的内涵就必须得到丰富，于是，2012年的《关于深入开展学雷锋活动的意见》将雷锋精神与时代要求相结合，挖掘出雷锋身上的敬业精神和创业精神。最终，学雷锋活动与志愿服务结合，这次结合被研究者认为是"具有强大生命力的雷锋精神对西方的志愿精神的一次全面整合"[1]。经过整合，学雷锋活动以更加亲切、更易操作的形式走进了中小学校。

---

[1] 王申成，翟元斌，任世杰.纪念改革开放40周年 学雷锋与改革开放系列谈之二 学雷锋活动在改革开放中探索前进（下）[J].雷锋，2018（12）：38-41.

表 3.1 学雷锋活动的主要教育功能变迁

主要教育功能	具体表现
阶级教育功能	1963年3月5日,《人民日报》发表毛泽东为因公牺牲的英雄战士雷锋的题词"向雷锋同志学习"①。后把每年的3月5日定为学雷锋纪念日。 1963年3月6日,《解放军报》发表了刘少奇、周恩来等人的题词手迹。刘少奇的题词是:"学习雷锋同志平凡而伟大的共产主义精神。"②周恩来的题词是:"向雷锋同志学习憎爱分明的阶级立场,言行一致的革命精神,公而忘私的共产主义风格,奋不顾身的无产阶级斗志。"③
文明礼貌教育功能	《一九八三年继续开展"五讲四美三热爱"活动的意见》提出:"今年三月五日是党中央号召'向雷锋同志学习'二十周年。在'全民文明礼貌月'中,要发动群众、特别是青少年回顾和总结多年来学习雷锋的成果和经验,开展'雷锋就在我身边'、'争做八十年代的雷锋'等活动,推动学雷锋、学先进人物的活动更加广泛深入地开展。"
时代精神教育功能	2012年,中共中央办公厅印发《关于深入开展学雷锋活动的意见》,进一步明确了雷锋精神的具体内容:"弘扬雷锋热爱党、热爱祖国、热爱社会主义的崇高理想和坚定信念,弘扬雷锋服务人民、助人为乐的奉献精神,弘扬雷锋干一行爱一行、专一行精一行的敬业精神,弘扬雷锋锐意进取、自强不息的创新精神,弘扬雷锋艰苦奋斗、勤俭节约的创业精神。" 2013年,中共中央办公厅印发《关于培育和践行社会主义核心价值观的意见》,指出:"把学雷锋和志愿服务结合起来,建立健全志愿服务制度。" 2017年,教育部发布《中小学德育工作指南》,其中提出:"开展学雷锋志愿服务。要广泛开展与学生年龄、智力相适应的志愿服务活动。"

注:表中①②③引自中共中央文献研究室《建国以来重要文献选编(第16册)》,中央文献出版社,1997,第188—189页。

3. 这些教育资源的利用形式更为多样

早期的节庆日、纪念日、主题教育日活动主要以宣传教育、主题讲座、社会实践等方式为主。而时至今日，活动的形式更加生活化、儿童化、立体化。从《中小学德育工作指南实施手册》（以下简称《实施手册》）提供了各类实施建议便可窥见一二。《实施手册》提出，环境教育日可以组织小学生开展垃圾分类、随手拧紧水龙头和为学校植物浇水等活动。这些活动贴近学生的日常生活，不仅可亲可近，而且能够让学生在日常实践中内化精神、锤炼品格、形成习惯。《实施手册》指出，航天日时可以让小学生动手制作小火箭（卫星）。动手制作符合儿童的心理、生理特征，有利于引发他们的兴趣，让他们在愉快的氛围中接受教育。《实施手册》还建议在安全教育日时，组织学生走进消防队和急救中心，学习灭火、心肺复苏等急救自救办法。这样一来，学生的学习场所就扩展到校园之外，学校和社会形成了教育的立体结构，共同作用于学生的品德发展。

三、校园节（会）活动

不同于前面两类节庆日活动，校园节（会）活动乃是由学校和教师根据学校实际情况，自行确定的"节日"，具体形式包括科技节、艺术节、读书节、体育节等。2004年，《中共中央、国务院关于进一步加强和改进未成年人思想道德建设的若干意见》提出："要因地制宜，积极开展各种富有趣味性的课外文化体育活动、怡情益智的课外兴趣小组活动和力所能及的公益性劳动，培养劳动观念和创新意识，丰富课外生活。"2006年，教育部印发的《关于大力加强中小学校园文化建设的通知》特别指出："强化课后科技、艺术、体育、娱乐活动，广泛组织多种类型的兴趣小组和学生社团活动，每学年都应组织体育运动会和各种形式的艺术节、科技节及读书、读报、演讲等活动，积极推广优秀少儿歌曲，开展多种形式的歌曲演唱活动。"2017年，《中小学德育工作指南》则明确要求："开展校园节（会）活动。举办丰富多彩、寓教于乐的校园节（会）活动，培养学生兴趣爱好，充实学生校园生活，磨炼学生意志品质，促进学生身心健康发展。学校每学年至少举办一次科技节、艺术节、运动会、读书会。可结合学校办学特色和学生实际，自主开发校园节（会）活动，做好活动方案和应急预案。"

校园节（会）是最容易发挥学校主动性、展现学校特色的德育活动。这些年，各学校在校园节(会)活动上花费了许多心血，取得了显著的成效。如，杭州市西湖小学以西湖文化为核心，发展出学校的"西湖六节"（读书节、真情节、体育节、文化节、科技节、艺术节）。下文展示的是其中的文化节。

【案例】

西湖小学的"文化节"

每年六一节前，学校都会开展以西湖为主题的西湖文化节活动，如西湖文化美食节、西湖文化名人节、西湖文化名胜节等。节日期间，通过有趣的游园活动，引导学生寻访西湖名胜，领略西湖文化，从而增强乡土认同感和自豪感。如在西湖美食节中，各类美食被打造成西湖十景的形象，让人赞不绝口；在西湖文化名胜节中，诸如岳墓栖霞、北街梦寻、黄龙吐翠、龙井问茶等游园活动，则让孩子们领略了西湖的奇异风景，开拓了视野；而在西湖文化名人节中，同学们寻访历代西湖名人，如岳飞、白居易、苏东坡等，了解他们的光辉事迹，以树立学习榜样。

（选编自张汉龙《在节日文化中培育学生灵爱特质》，《中小学德育》2017年第11期）

纵观节庆日活动的发展历程，我们发现：

首先，节庆日活动走向规范化。这一方面是由于节庆日本身具有节律性，易于制度化。另一方面，也是由于国家非常重视，在多个文件中进行详细指导和规定。一线的实践者们一面接受国家的指引，一面依靠自己的摸索，逐步将这些德育活动常态化、程序化。

其次，节庆日活动走向特色化。尤其是校园节（会）活动，学校结合校情、国情、世情，进行了大胆创新，开创出许多品牌活动。这些品牌活动往往能够点燃学生的热情，使其更深层次地投入到活动中来，进而陶冶情操、锻造品格。而且，这些特色活动还能够成为学校德育工作发展甚至是整体提升的加速器——学校以此为契机，调动全体师生的主动性，带动多方面工作的改进。但是，一些研究者也指出节庆日活动的实践存在着娱乐化[1]、学生主体地位缺失[2]、各个学校组织水平参差不齐[3]等问题，可见未来还需要进一步明确教育目标、突显学生主体、加强交流学习。

---

[1] 李乃涛.论中小学德育活动"娱乐化"的原因与对策[J].课程•教材•教法，2014，34（6）：45-48.

[2] 杨启华.追寻学校德育活动的游戏精神[J].教育科学研究，2009（3）：68-71.

[3] 徐志芳.中小学德育实践活动：问题和思考[J].中国德育，2007（8）：15-18.

第二节　仪式教育

仪式是"典礼的秩序形式"[1]。仪式教育是通过对秩序的规定、运行对学生的身心产生影响。"身处仪式的程序（秩序）之中，仪式的参与者都将经历一种规范与塑造。"[2]但这种规范又不是令人厌烦的，相反，正如洛蕾利斯·辛格霍夫所说，"仪式能令我们在自由和秩序之间达到一种平衡，更有意识地去感觉、珍惜生活中的特殊时刻"[3]。学校中，存在着大大小小的仪式，既有隆重的升旗仪式，也有日常的上下课仪式。每一次仪式，都是一次可供利用的教育机会。只要教师操作得当，学生便能从中受教。在中小学中，教师最常展开的仪式教育活动主要有升旗仪式、入学仪式、毕业典礼、成人仪式等。

一、升旗仪式

升旗仪式是学校中重要的仪式教育活动。研究者通过考察发现，20世纪50年代，上海的部分学校就进行了升降国旗的活动，但还未确立正式

---

[1] 李宏伟.仪式教育要彰显仪式特性[J].教育科学研究，2017（1）：48-52+59.
[2] 同[1].
[3] 转引自张志坤.我们为什么需要仪式教育？[J].人民教育，2015（17）：23-26.

的仪式——当国歌响起并升起国旗时，学生只要在教室里肃立即可。"文革"以后，升旗活动步入正规化。从20世纪70年代末到80年代初，升旗活动是和早操安排在一起的。[1]直至1983年，教育部印发《关于学习贯彻〈关于加强爱国主义宣传教育的意见〉的通知》，其中明确提出："中小学要建立升旗制度。学生都要学会唱国歌。大、中、小学的重要集会要唱国歌。要教育学生从小尊敬国旗，升旗时要立正，唱国歌时要严肃。"1990年6月28日，《中华人民共和国国旗法》颁布，其中规定"全日制中学小学，除假期外，每周举行一次升旗仪式"。至此，升旗仪式在法律上被确定为每个中小学校都必须举行的仪式教育活动。为了进一步规范升降国旗制度，1990年8月，国家教委印发《关于施行〈中华人民共和国国旗法〉严格中小学升降国旗制度的通知》，对升旗仪式的举行时间、参与人员和程序作出详细规定。由于国家教委对此事高度重视，时任国家教委副主任邹时炎还专门前往不同中小学校调查执行升降国旗制度的情况，发现一些学校存在未执行、执行不规范、未严格培训旗手和护旗等情况，于是国家教委办公厅于1991年10月印发《邹时炎同志关于〈要严肃而认真地进行中小学校升降旗活动的教育〉的意见的通知》，要求教育行政部门和学校必须尽快采取有效措施，纠正在执行升降旗制度上的种种不严肃现象。1991年发布的《小学生日常行为规范》和1994年发布的《中学生日常行为规范》的第一条，都规定"尊敬国旗、国徽，会唱国歌，升降国旗、奏唱国歌时要肃立、脱帽、行注目礼，少先队员行队礼"。2004年，教育部对上述两个行为规范进行了修订，其中第一条内容未作改动。2014年，教育部印发《关于培育和践行社会主义核心价值观进一步加强中小学德育工作的意见》，其中也专门指出："要利用升国旗、入党入团入队等仪式和重大纪念日、

---

[1] 宋萑.学校升旗仪式的人种志研究[D].上海：华东师范大学，2004：9.

民族传统节日等契机，开展主题教育活动，传播主流价值。"2017年，《中华人民共和国国歌法》颁布，其中规定将国歌纳入中小学教育，凡有升旗仪式时，皆应奏唱国歌。同年，教育部印发《中小学德育工作指南》，对如何进行升旗仪式作出更详细的规定："严格中小学升挂国旗制度。除寒暑假和双休日外，应当每日升挂国旗。除假期外，每周一及重大节会活动要举行升旗仪式，奏唱国歌，开展向国旗敬礼、国旗下宣誓、国旗下讲话等活动。"

升旗仪式可以说是学校最为常规的仪式教育活动，除了按照规定每周都要举行外，在学校重大活动时往往也会举行。因此，如何组织升旗仪式，如何让升旗仪式成为孩子心中一道亮丽的风景线，如何提升国旗下讲话教育效果，皆成为实践者和研究者共同关注的话题。如下文所示，学校和教师想了各种各样的办法，以真正调动学生的积极性，实现升旗仪式的教育效果。

【案例】

升旗手传帮带的旗手接力制度

在确定了一期国旗班成员之后，通过训练，让他们执行一段时间的升旗任务，并赋予他们提名下一期国旗班成员的权利。这样，在一期国旗班完成升旗仪式任务后，就举行交接仪式，将升旗的光荣使命传递给下一期国旗班。

（选编自杨和平《别样的升旗仪式及其实效性思考》，《中国德育》2011年第6期）

【案例】

国旗课堂

根据每周国旗下讲话的主题内容，由学校大队部组织牵头从同学们中选出相应方面表现突出的同学组成团队，根据讲话内容进行适当排练，在升旗仪式上给同学们作示范并进行讲解，这样国旗下讲话的实践示范作用就更加明显。

（选编自丁宜林《升旗仪式，孩子心间一道亮丽的风景》，《中国德育》2014年第18期）

二、开学典礼、毕业典礼

开学典礼和毕业典礼也是学校常规的仪式教育活动。2017年印发的《中小学德育工作指南》特别提出，要"举办入学仪式、毕业仪式、成人仪式等有特殊意义的仪式活动"。《中小学德育工作指南实施手册》则进一步指明其重要性："新生入学仪式与毕业生毕业仪式在小学、初中、高中阶段均应开展，而小学的新生入学仪式与高中的毕业仪式更应受到重视。小学的新生入学仪式标志着儿童进入了正式学习阶段，是正式学校生活的开始；高中是学生求知道路上具有承前启后作用的重要阶段，毕业仪式则是学生从懵懂少年迈向肩负责任的成人的最为重要的环节。"事实上，大部分学校对这两个仪式都非常重视，许多学校已积累了很好的经验，如下两个案例分别展示了北京十一学校的开学典礼和江苏省无锡市玉祁中心小学的毕业典礼之中的特别设计。

【案例】

开学护照

一本小小"开学护照"的诞生，引爆了北京十一学校全体师生的开学激情。初一至高三的六个年级的"开学护照"颜色对应学校标识上的六种颜色：初一"春华绿"，象征希望；初二"银鹰灰"，象征内敛和积蓄力量；

初三"秋实黄",象征一段奋斗后的收获;高一"太空蓝",寓意志存高远;高二"大地黑",寓意脚踏实地;高三"国旗红",这是共和国赋予十一学校的特有颜色,象征十一学校学生的责任与使命。

让学生兴奋不已的是拥有护照要走的六个程序:一是填写校长及其他老师的电话号码;二是至少找到 10 位老师为自己签名;三是至少找到 20 位同学为自己签名;四是请家长写上新学期的寄语;五是清晰写出新学期成长目标,由班主任审阅签字;六是每完成一个活动都到指定地点盖章认证。每个纪念章都对应着各自的颜色,让每个年级的学生都为拥有自己的专属颜色而自豪。以上六个程序都走完,学生可领取一份新学期礼物。

(选编自刘艳萍《打造学生终身难忘的开学典礼》,《中国德育》2012 年第 17 期)

【案例】

"回顾昨天"毕业课程

"回顾昨天"系列课程旨在让学生回顾六年校园生活的点滴,以"寻访最美教师""寻找最美角落""寻觅最美童年"作为毕业课程的启动环节,目的是让学生学会珍惜每一次的相遇,培育学生的感恩意识。其中,"为老师画像:寻访最美教师"即由学生挑选小学生涯中印象最深刻的老师,并根据心目中老师的形象,为老师画一幅肖像。"绘校园场景:寻找最美角落"即由学生挑选校园内印象最深的几处场景,绘制成画并在校园中展出。"创师生长卷:寻觅最美童年"是用抽签的方式让学生组成小组,组员互相绘制卡通形象,并最终将全班学生的卡通形象汇总到一幅长卷上。

(选编自钟桂芳《小学毕业课程的构建与实践》,《中小学德育》2018 年第 5 期)

三、成人仪式

18岁成人仪式也是当下被广泛开展的一种仪式教育活动。据考察，18岁成人仪式教育最早起源于 1990 年 4 月 29 日上海市嘉定县（今嘉定区）黄渡乡（今属安亭镇）团委组织的"黄渡乡第一届 18 岁青年生日活动"。随后，共青团上海市委和共青团广州市委也组织开展了类似活动。1995 年 5 月 4 日，团中央在北京人民大会堂举行了庄严的成人宣誓仪式，5000 名 18 岁青年学生向祖国作出庄严承诺。共青团是这一活动最早的发起者，之后又对活动的开展进行了持续的指导和支持，接连下发了多个专项文件。如共青团中央印发《关于规范十八岁成人仪式教育活动的暂行意见》(1996年)、《关于 1999 年深入开展中学生 18 岁成人仪式教育活动的通知》(1999年)，共青团中央办公厅印发《关于深入开展中学生 18 岁成人仪式教育活动的通知》(2002 年)，共青团中央印发《全国中学生 18 岁成人仪式规范（试行）》(2018 年)。《全国中学生 18 岁成人仪式规范（试行）》对举行成人仪式的工作目标、基本原则、参与主体、活动时间（地点）、基本程序等内容作出详细规定。

成人仪式也在诸多国家教育政策中被提及。比如：1994 年，《爱国主义教育实施纲要》指出："提倡各地组织年满 18 周岁的公民举行对国旗宣誓的成人仪式。" 2004 年，《中共中央、国务院关于进一步加强和改进未成年人思想道德建设的若干意见》指出："未成年人的入学、入队、入团、成人宣誓等有特殊意义的重要日子，都蕴藏着宝贵的思想道德教育资源。要抓住时机，整合资源，集中开展思想道德主题宣传教育活动。"

经过数十年的发展，成人仪式不仅走向规范化，而且也扩展了其教育功能。一开始时，成人仪式主要作为爱国主义教育的一部分受到肯定，而到 2018 年,《全国中学生 18 岁成人仪式规范（试行）》指出："举办成人仪式旨在抓住中学生从未成年向成年转变的关键时期,对广大中学生进行理想信念教育、思想道德教育、国家观念教育、优秀传统文化教育,引导和帮助广大中学生树立正确的世界观、人生观、价值观,增强公民意识、宪法和法律意识、责任意识、感恩意识,从内心深处激发社会责任感和历史使命感,努力成为担当民族复兴大任的时代新人。"可见成人仪式已被视为培养各类品质的一种手段。

成人仪式的德育意涵十分丰富,也引起了众多研究者的关注。早在 21 世纪之初,就有学者从伦理的角度阐述作为青年教育方式的成人仪式。[1] 随着研究和实践的推进,成人仪式的种类更为丰富,有学者总结出五种模式：共青团主流模式（政治文化仪式）、学校改进模式（教育文化仪式）、文庙模式（古典文化仪式）、家庭个性模式（亲情文化仪式）和电视媒体模式（时尚文化仪式）。[2] 随后,这位学者又展开了对学校成人仪式教育的课程化建设的研究。[3] 下文呈现的河北衡水中学的"成人教育月"就是一次课程化的很好尝试。

【案例】

成人教育月

衡水中学的成人礼活动已经发展成为历时一个多月,包括成人活动月启动仪式、成人教育主题展览、成人宣誓仪式、成人宣誓主题班会等十大环节在内的成人教育月活动。

在成人教育月活动的不同阶段,都有相应的主题活动设计,内容层层

---

[1] 平章起.成人仪式·伦理·青年教育[J].道德与文明,2001（2）：51-55.
[2] 洪明.成人仪式教育的基本模式及走向分析[J].中国青年研究,2014（1）：113-119.
[3] 洪明.论学校成人仪式教育的课程化建设[J].中国德育,2017（7）：31-34.

递进，形成一个完整的活动体系。如在教育月前，学校启动"成人纪念章"设计大赛；教育月初，学生会发起成人倡议书，学生们自编自演配乐诗朗诵；教育月中，参与活动的各班级组织召开"走好成人第一步"主题班会；教育月末，开展比班级风貌、比志愿服务、比个人行为等内容的大比拼活动。此外，学校在各项活动中巧妙融入爱国、守法、诚信、文明、友善、励志等德育内容。如在成人宣誓仪式上，授予学生"成人纪念章"，表明他们已经跨入成人行列；向学生赠送《中华人民共和国宪法》，让他们明白从此自己将享有中国公民的所有权利，同时也要履行相应的义务等。

（选编自王建勇《创新"成人礼"：给成年留下特别的回忆》，《中小学管理》2016年第6期）

通过梳理我国常见的仪式教育活动的发展历程，我们发现了如下几个特点：

第一，这些教育活动由政府主导向学校主导过渡。升旗仪式和成人仪式在发展之初，都是由政府提倡和推动的。经由数十年的发展，这些仪式已经成为学校生活中的有机组成，学校开始自觉在"如何利用这些仪式来实施教育"方面动脑筋、想办法。

第二，学校越来越重视学生在仪式教育活动中的体验。体验是衡量仪式教育效果的关键。因为只有学生沉浸于仪式之中，产生一种情感体验，才可能体认到仪式背后的道德义理。如果学生在仪式教育活动中没有任何触动，自然也就不会获得道德发展。从仪式教育活动的发展来看，学校和教师在学生情感卷入方面进行了大量探索，通过各种方式加强学生的主体性，使其能够拥有更丰富的体验和更深刻的感受。

第三，学校中的仪式教育逐渐扩展为系列活动。仪式一般是通过在特定时间、地点，以特定方式呈现特定场景来实施教育。也就是说，仪式是有时空范围的。但许多学校将仪式教育课程化，使得仪式教育不再是特定时空的一次活动，而是跨越一段时间的系列活动（如上文所示的"成人教育月"）。仪式成为仪式教育课程中的最重要环节，课程还设置了仪式之前的活动和仪式之后的活动。这不仅有利于仪式本身获得更佳效果，而且能够让学生在课程中收获其他的优秀品质。

第三节 共青团、少先队活动

如果说节庆日教育活动是利用时间资源来开展的德育活动，仪式教育活动是利用程序和场域来实施的德育活动，那么共青团、少先队所组织的教育活动就是利用组织优势进行的德育活动。无论是共青团、少先队、学生会还是学生社团，都能通过组织的号召力来发动成员参与活动，通过组织的生命力来激励成员创新活动。

一、共青团组织的德育活动

共青团是党领导的先进青年的群团组织，是党的助手和后备军。共青团的根本任务就是引导青年，引导青年的有效形式肯定离不开活动。[1]所以，有学者指出："活动是共青团开展工作的基本方式，没有了活动共青团的工作将无法开展。"[2]

改革开放以来，团组织力图丰富活动形式，吸引青年加入各类活动，如激发青年积极投入经济建设的"争当新长征突击手"活动、提高青年文

---

[1] 陆昊同志在分类指导青年试点阶段性工作会议上的讲话［EB/OL］.（2010-02-02）［2019-07-02］. http://www.ccyl.org.cn/documents/ccylspeech/201002/t20100202_332987.htm.

[2] 刘俊彦.共青团活动略论［J］.中国青年研究，2013（8）：41-47.

明素养的"青年文明号"活动、"全民文明礼貌月"活动等。[1] 20世纪90年代后,共青团开始有意识地推出品牌活动,打造有影响、能持久的教育活动。其中,青年志愿者活动、"保护母亲河"活动和"我与祖国共奋进"活动,受到社会各界的广泛好评,并不断更新内容、创新形式,取得可喜的发展。

1993年12月,共青团中央和全国铁道团委组织2万多名青年志愿者在京广铁路沿线开展志愿服务活动,拉开了"中国青年志愿者行动"的帷幕。之后,共青团中央陆续推出"青年志愿者学雷锋奉献日""中国青年志愿者'一助一'长期服务计划""扶贫服务团'三下乡'"等活动。[2] 各类青年志愿者活动蓬勃发展。2008年的汶川地震和北京奥运会,不仅让中国成年人看到了当代青少年对陌生人的友爱精神,更是让世界看到了中国青少年对社会责任的担当意识。

志愿服务活动在2008年后迈向新的高度。一方面,志愿服务组织规范化。2016年,中共中央宣传部、中央文明办、民政部、教育部、财政部、全国总工会、共青团中央、全国妇联印发《关于支持和发展志愿服务组织的意见》,对志愿服务组织提出总体要求,并对志愿服务组织的培育及其组织能力的提升等作出详细规定。另一方面,志愿服务范围扩大化。在已有的服务范围基础上,共青团有意识地引导志愿服务向以往受关注较少的人群上投注力量,如共青团中央办公厅印发的《关于做好2016年共青团关爱保护农村留守儿童工作的通知》就明确提出,要组织团员青年和志愿者开展关爱服务活动,开展多种形式的"手拉手"互助活动。

---

[1] 汪慧.改革开放30年来共青团活动的发展轨迹[J].上海青年管理干部学院学报,2008(2):14-17.

[2] 胡献忠.活动·项目·事业——从学雷锋到志愿服务看共青团事业的发展[J].中国青年研究,2009(2):47-50.

保护母亲河行动源于对1998年特大洪涝灾害的反思。为了响应党的号召，动员青少年投身国家生态环境建设，1999年年初，团中央联合全国绿化委员会等七部委共同发起保护母亲河行动。截至2018年，保护母亲河行动共筹集资金4.62亿元人民币、35亿多日元、30多亿韩元，建设了近5600个总面积达3800多平方千米的绿化工程，吸引了6亿多青少年参与，与30多个国家和地区的青少年进行友好交流，成为国内外生态环境保护领域的著名公益品牌。[1]

2006年，共青团中央印发《关于在全团开展"我与祖国共奋进"主题教育实践活动的通知》，指出"我与祖国共奋进"主题教育实践活动是全团的长期重点活动。为了保证实效，文件附上了活动方案，分解了2006年的重点推进步骤，如4月为启动阶段，可举办全国青年改革开放发展成就知识竞赛，开展改革开放成就和形势政策报告会活动，举办"飞扬的青春"历届中国青年五四奖章获得者系列论坛，组建"青春建功新农村"青年农业科技专家服务团，开展"青春装点新农村·百支青少年生态环保志愿者服务团进百村结百对"活动，启动"青春的选择"大学毕业生基层创业先进事迹报告团活动、中学生"迈入青春门，走好成人路"活动，启动实施2006年大学生志愿服务西部计划，开展"明辨荣辱，自强奋进"社区青少年系列教育活动，启动青运史资料征集活动。2008年，共青团中央办公厅印发《关于开展"我与祖国共奋进"青春梦想征集活动的通知》，意在动员广大青年，积极发现、广泛宣传各行各业普通青年在与祖国共奋进的实践中为实现梦想而踏实奋斗的事迹。2011年，共青团中央办公厅又印发《关于组织开展"我与祖国共奋进"形势政策教育活动的通知》，此次活动重在邀请党政领导、专家学者、企业家、优秀青年等，到基层单位面对面地

---

[1] 李立红.青春奉献母亲河 青山长绿水长清[N].中国青年报，2018-06-05（3）.

向团员青年开展宣讲活动。2018年6月26日至29日，中国共产主义青年团第十八次全国代表大会在北京召开。会议选举产生了新一届共青团中央委员会，通过了中国共产主义青年团第十八次全国代表大会关于十七届中央委员会报告的决议、关于《中国共产主义青年团章程（修正案）》的决议，一致同意将习近平新时代中国特色社会主义思想写入共青团的行动指南。

2020年6月，共青团中央、中共教育部党组联合印发《深化学校共青团改革的若干措施》。《若干措施》指出，深化学校共青团改革要以习近平总书记关于青年工作的重要论述为遵循，在"大思政"和"三全育人"格局中，推动学校团组织切实发挥政治功能。

可以发现，共青团组织的德育活动具有以下几个特征：

①它们具有极强的社会效应。许多活动虽然是由共青团发起并推动的，但是随着规模逐渐扩大，已经成为全社会范围内的群众性教育活动。如青年志愿服务活动，经由几十年的发展，已经创造了"综合包户"志愿服务、"西部计划"志愿服务、"海外计划"志愿服务、"关爱行动"志愿服务、"阳光助残"志愿服务、大型赛会志愿服务、志愿服务交流会、"暖冬行动"志愿服务等众多品牌活动，以及深圳市义工联、中国青年志愿者协会等团体。[1]这些活动的参与者早就不局限于青少年，正是这种全社会的广泛参与给予青少年积极影响，使得互帮互助蔚然成风。

②这些活动之间具有彼此强化的作用。例如，"我与祖国共奋进"的活动中就包括青少年志愿服务活动，因为青少年进行力所能及的志愿服务本身就是一种报效祖国的行为。又如，保护母亲河的活动中，亦有青少年志愿服务活动。2010年，共青团中央、农业部印发《关于

---

[1] 谭建光. 中国青年志愿服务十大品牌及其价值——改革开放40年的社会创新案例分析[J]. 青年发展论坛，2018，28（2）：55-63.

开展"保护母亲河——种草护草,有你有我"宣传实践活动的通知》,提出要"以在校学生为主,组建青少年志愿者草原监护队。在草原地区重点开展草原监护活动,在城市重点开展草地监护活动"。当然,由此也可以看出,青年志愿服务活动在共青团组织的德育活动中占有极其重要的作用,它成为其他主题活动的重要手段。

③这些活动都具有一定的连续性。团中央不断通过活动通知、指导纲要等提醒学校进行相应的德育活动,而且这些文件的内容紧跟时代需求和青少年需要,使得活动能够得到实质性的发展。

二、少先队组织的德育活动

少先队是中国共产党在新中国成立之初创立和领导的少年儿童群众组织。少先队活动历经七十余年的发展,也取得了长足的进步。

1984年,邓颖超在中国少年先锋队队员和辅导员代表会议的开幕式上提出了"树立创造的志向,培养创造的才干,开展创造性的活动"的希望。[1]在这一理念的指引下,同年,中国少年先锋队全国工作委员会印发《关于开展"创造杯"少先队活动竞赛的通知》,开启了"创造杯"少先队活动。1993年10月,全国少工委二届四次全委扩大会议提出开展"跨世纪中国少年雏鹰行动"。1994年,全国少工委发布《跨世纪中国少年雏鹰行动》,这一文件指出:"根据少先队的特点,'雏鹰行动'的实施主要通过主题性活动来展开,即以科技和创造为主要内容的'启明星科技活动',以生存教育为主要内容的'五自学习实践活动'(自学、自理、自护、自强、

---

[1] 未来需要你们去创造[EB/OL].[2019-07-02]. http://cpc.people.com.cn/GB/69112/86369/87105/87275/5964765.html.

自律），以团结互助为主要内容的'手拉手互助活动'，以文化艺术为主要内容的'百花园文化艺术活动'。"可见，此时的少先队活动已经呈现出儿童化、系列化的特征。

新世纪之后，少年队教育更加关注区域平衡发展。2001年印发的《关于加强农村少先队工作的意见》特别强调了农村少先队工作的重要意义，并指出："加强农村少先队工作，不搞'大而全'，要搞'特而精'，以适合农村少年儿童开展的活动为载体和突破口。"而"争当科技小能手"活动和"争当文明小使者"活动就是这一文件要求深入开展的两项活动。近年来，少先队活动逐步走向规范化。2011年印发的《关于开展中小学少先队活动时间情况调查的通知》乃是国家加强少先队活动质量监管的一个信号。紧接着，2012年，教育部印发《关于加强中小学少先队活动的通知》；2015年，全国少工委公布《少先队活动课程指导纲要（试行）》。《纲要（试行）》规定政治性和儿童性是少先队活动课程的性质，队会、队课、队仪式、队组织生活、队实践活动、队品牌活动乃是少先队活动课程的主要实施方式。为了提高活动课程的实效，全国少工委在发布《纲要（试行）》的同时还下发了《少先队活动课程基本内容》和《少先队活动课程分年级实施参考》两个文件。2017年2月23日，全国少工委七届三次全会召开。会议指出，要扎实推进少先队改革。同月，共青团中央、教育部、全国少工委联合印发《少先队改革方案》。

2020年2月，共青团中央、教育部、人力资源社会保障部、全国少工委印发《关于加强新时代少先队辅导员队伍建设的意见》。为进一步增强《意见》可操作性，四单位同时印发三个操作性规范性文件，对少先队辅导员岗位设置及职责、能力素质标准、任职资格和程序、培养培训、考核激励、称号等级评定等作出规定。2020年7月，中国少年先锋队第八次全国代表大会召开并审议通过关于《中国少年先锋队章程（修正案）》

的决议。大会决定，将达到入队要求、少先队校外活动场所、少先队活动课、研学、志愿服务、学校少工委等相关内容写入队章，并着重强调少先队辅导员的政治素质要求。充实这些内容，有利于少先队组织进一步聚焦主责主业，坚持组织教育、自主教育、实践教育相统一，突出实践性、社会化特点，不断提升为党育人的能力和实效。

通过梳理可以看到，少先队组织的德育活动有以下几个特点：

①具有较强的政治性。政府多次下发文件指导少先队活动，如印发《关于加强少先队的"五有"建设意见》《中国少年先锋队教育纲要》《关于加强少年儿童思想道德教育深入开展体验教育的意见》《少先队改革方案》。其中，1987年印发的《关于加强少先队的"五有"建设意见》明确指出少先队教育的"五有"即"有组织、有辅导员、有活动、有阵地、有制度"，活动正式被列为少先队教育的基本维度之一。2017年公布的《少先队改革方案》更是专门提出要改革和创新少先队教育和活动方式。

②具有较强的资源调动能力。少先队活动的开展一直得到团中央的支持，诸多少先队活动的文件由团中央单独或联合其他部委、单位下发，如《关于印发〈跨世纪中国少年雏鹰行动〉的通知》《关于加强少年儿童思想道德教育深入开展体验教育的意见》《少先队改革方案》等。教育部及其他单位也对少先队教育给予了大力支持。如，2007年，共青团中央、教育部、人事部、全国少工委联合印发《少先队辅导员管理办法（试行）》，以进一步加强少先队辅导员建设。再如，2012年，共青团中央办公厅、全国少工委办公室联合印发《关于认真做好少先队学科建设近期重点工作的通知》。《通知》要求在高校开设"少年儿童组织与思想意识教育"研究生、本科生专业。在教育部等部门的支持下，2013年，西南大学设立国内首个少年儿童组织与思想意识教育硕士学位点。

③具有较强时代感。《少先队改革方案》中特别提出："大力支持、

积极鼓励基层少先队组织开展生动活泼、时代感强的主题队日和课内外、校内外少先队实践活动"，"大力探索开发队员喜闻乐见、健康快乐的创新创造活动和时尚项目"。可见，组织者们始终保持敏锐的觉察力、开放的态度，以增强活动对少年儿童的吸引力。

④具有时间上的保证。在发现少先队活动时间不能得到保障后，教育部在《关于加强中小学少先队活动的通知》中规定，少先队活动课是国家规定的必修的活动课。2017年的《中小学德育工作指南》又再次强调："确保少先队活动时间，小学1年级至初中2年级每周安排1课时。"

三、学生会组织的德育活动

学生会是中等和高等学校学生的群众组织。五四运动时期，高等和中等学校成立了学生自治会，对当时的学生运动起到了积极作用。中华人民共和国成立后，1951年7月，全国学联第十五次代表大会修正通过《中华全国学生联合会章程》，其中第六条规定："中等以上学校的学生会，为本会基层组织。"1995年，全国学联第二十二次代表大会通过的《中华全国学生联合会章程》也指出："学生会、研究生会是学生自己的群众组织。凡在学的中国学生，不分民族、性别、宗教信仰均可为学生会、研究生会会员。"一方面，学生会可以作为组织方，开展学校层面的各类德育活动。另一方面，学生会内部的自治活动，也是一种德育活动，能够促进学生民主素养的提高、公正品质的培育等。学生会的自治活动得到了重点关注，《中小学德育工作指南实施手册》强调要"以学生会为学生自我服务、自我管理、自我教育、自我监督的主体组织"，因此，《实施手册》提供的实施建议是：学校应建立学生会组织，学校应明确学生会的基本任务。

目前，学生会自治活动的确存在一定程度的"广泛参与不足、充分参与缺乏、自治范围模糊"[1]的问题，但我们也看到，许多学校的学生会做到了名副其实，让学生切实体验了自身权利与责任，收获良多。下文展示的就是江苏省锡山高级中学模拟城市模式的高中学生会改革实践。

【案例】

基于模拟城市模式的高中学生会改革实践

锡山高级中学创造性地将学生会改革为模拟城市（下文简称"模城"）。模城将学生会概括为四大中心：活动中心把同学们的奇思妙想变成现实；社团中心丰富了同学们的课余生活；媒体中心通过广播、电视等为市民们发出了声音；服务中心成了同学们陷入困境时的第一选择。四大中心是一个有机的整体，非常有利于学生活动的开展。

模城市长的竞选始于班级自荐和班级选举，班级选举后再进行学校层面的竞选，通过全校范围的第一次竞选首先选出四位候选人。为了让同学们能够更为全面、真实地了解四位候选人，四位候选人有将近一周的时间通过海报、电视竞选演说等各种渠道让全校的"市民"了解自己，最后在模城市民代表大会（简称学代会）上可通过现场演说的方式进行拉票，然后全校"市民"投票选出模城市长。

模城年度工作计划由学代会审议，模城一年来各项工作的情况由学代会进行评价。学代会一年举行一次，大会模拟了全国人民代表大会的规程。学代会的代表由全校各班民主投票选举产生，代表们以提案的方式开展工作，投票表决各项提案的通过与否。学代会上通过的各项提案，学校在15个工作日内必须给予答复，且必须办理，模城"政府"会跟踪

---

[1] 李伶俐.公民教育的苗圃——对南京市A中学学生会自治的个案研究[D].南京：南京师范大学，2016.

监督提案的落实。

（选编自谭心怡《基于模拟城市模式的高中学生会改革实践》，《科教文汇》2017年第4期）

四、学生社团组织的德育活动

学生社团活动是由学生自愿组成，按照章程自主开展活动的非营利性学生组织。"广义的学生社团包括了学校中以学生为主体的党团及少先队组织、学生会。狭义的社团则与这两者有所区别，指称除学生党、团、少先队组织及学生会之外完全根据学生兴趣所建立的非营利性学生组织，并接受前者的领导。"[1]本章此处所言的乃是狭义的学生社团。

学生社团活动在我国的教育政策中也常常被提及。如，2006年，教育部印发的《关于大力加强中小学校园文化建设的通知》就指出："广泛组织多种类型的兴趣小组和学生社团活动。"再如，2017年的《中小学德育工作指南》专门指出："完善学生社团工作管理制度，建立体育、艺术、科普、环保、志愿服务等各类学生社团。学校要创造条件为学生社团提供经费、场地、活动时间等方面保障。"

学生社团组织的德育活动与学生会组织的德育活动类似，学生社团内部的自治活动本身也是一种德育活动，具有促进学生道德成长的作用。除了这种德育活动之外，许多社团本身就以德育活动为主要活动范畴，如环保社团、志愿服务社团等。所以，一些专题德育活动的政策文件也会特意提到学生社团这支重要力量，如《教育系统深入开展学雷锋活动实施方案》《关于加强中小学劳动教育的意见》《关于培育和践行社会主义核心价值

---

[1] 石中英.社团活动与社会主义核心价值观教育[J].中国教育学刊，2014（6）：22-25.

观进一步加强中小学德育工作的意见》，这些文件中都表示要善于利用学生社团来开展相应的教育。

每个学校都有自己富有特色的社团，一些社团在组织德育活动时，视角新颖，思路开阔，取得了很不错的效果。图3.1展示的就是江西师范大学附属中学imilk公益社团如何解决山区儿童营养问题的活动思路。通过图3.1可以看出，同学们先通过牛奶捐赠让山区儿童接纳他们，然后在被接纳的基础上，进行卫生宣传与食品教育。具体而言，卫生宣传采用的方式是：用生动的图画以及简单的文字形式设计"卫生海报"，提醒山区儿童形成良好的卫生习惯，并且配有讲解，让他们深刻认识到有良好卫生习惯的重要性。而食品教育的方式多样，如从食品生产的许可证、包装、营养成分、感官等方面入手，用不同质量的食品让山区儿童鉴别，进行情景现场教育，让他们学会识别"三无"包装、化学成分超标、生产过期、色泽暗淡的劣质食品。[1]

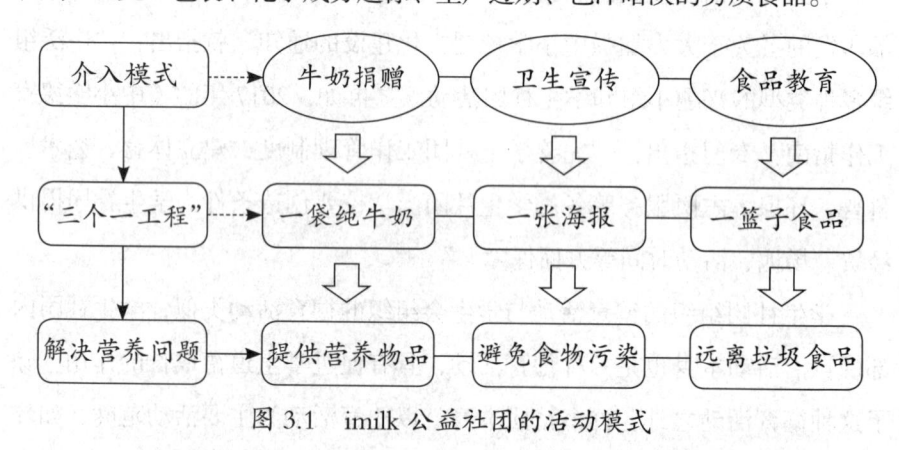

图 3.1　imilk 公益社团的活动模式

注：图片来源于胡星邻《中学生公益社团介入山区儿童营养改进的现实模式与问题——以江西师范大学附属中学imilk公益社团活动为例》，《少年儿童研究》2019年第6期。

---

[1] 胡星邻.中学生公益社团介入山区儿童营养改进的现实模式与问题——以江西师范大学附属中学imilk公益社团活动为例[J].少年儿童研究，2019（6）：53-59.

共青团、少先队、学生会、学生社团组织的活动，相较于节庆日德育活动、仪式教育活动而言，具有更强的自主性，所以实践中的差异也较大。不过总的来看，无论是共青团、少先队还是学生会、学生社团组织的教育活动仍有一些共性：

①在兼顾政治性的同时，注重儿童性。共青团和少先队作为党的后备力量，具有较强的政治性。2019年6月，中共中央、国务院印发《关于深化教育教学改革全面提高义务教育质量的意见》，专门强调："突出政治启蒙和价值观塑造，充分发挥共青团、少先队组织育人作用。"即便如此，为了吸引青少年，他们开展的活动也会尽可能地考虑学生的实际生活需要。而学生会和学生社团虽然从组织管理来看，一般由学校团委或少先队来监督，但他们的运作往往具有一定自主性。因为学生就是组织中的主要力量，所以自然而然就具有儿童的眼光和生活的视角。

②在保留校内活动的基础上，大力发展校外活动。不同于仪式教育活动大部分是在学校之内进行，共青团、少先队活动（尤其是一些品牌性的活动）往往是以社会实践的方式展开，也就是说，学生走向社区、走向社会去锤炼自己的品格。

③在注重直接德育的同时，发挥了隐性德育的优势。大部分活动都是以社会生活中真实的道德情境为教育资源，学生常常是在不自觉中就获得教育，与学校之中模拟的道德场景相比，这种教育方式更为隐蔽，常常也收效更佳。

第四章

德育队伍

德国哲学家康德认为："人只有靠教育才能成人。人完全是教育的结果。更可注意的是，只有人才能教育人——换言之，即只有自身受过教育的才能教育人。"因此，教师队伍的建设非常重要。尤其对德育而言，教师不仅通过课堂教学有意识地培养学生的道德品行，而且在日常的师生交往中还可能通过无意识的个人言行对学生的德性养成产生深远影响。如果不重视学校之中实施课程、活动的主体——教师的德育素养，那么，不管德育的内容和载体如何更新，德育的实效也不会得到质的提升。

本章将从师德建设开始，依次梳理主要的专职德育工作者队伍建设（德育学科教师和班主任）和兼职德育工作者队伍建设的发展历程。

第一节 师德建设

教师是教育的根本，师德是教师的灵魂。教师的师德水平，不仅影响着教师的专业行为并间接地影响学生的道德发展，而且作为一种重要的德育资源，直接对学生的品行产生重要影响。

一、师德规范

新中国成立以来，我国先后五次发布中小学教师职业道德规范或要求，分别是：1984年发布《中小学教师职业道德要求（试行草案）》，1991年发布《中小学教师职业道德规范》，1997年发布《中小学教师职业道德规范》，2008年发布《中小学教师职业道德规范（2008年修订）》，2018年发布《新时代中小学教师职业行为十项准则》。这五次发布的教师职业道德规范或要求在内容上具有一定的延续性：一是强调爱国，二是重视爱生，三是关注能力。可以说，政治性、对象性、专业性始终是教师特别是中小学教师职业道德规范的特征。

意识形态教育是德育的有机组成，教师的政治素养关乎意识形态教育的成败。因此，这些师德规范都对教师的政治素养提出了明确要求。1984年的六条道德要求中有三条涉及教师的政治素养，即"热爱祖国，热爱中国共产党，热爱社会主义"，"执行教育方针"，"认真学习马列主义、毛泽东思想"。《中小学教师职业道德规范（2008年修订）》仍保留了"热爱祖国，热爱人民，拥护中国共产党领导，拥护社会主义"的要求。到2018年，《新时代中小学教师职业行为十项准则》中有两项准则对教师的政治素养作了规定，即"一、坚定政治方向"和"二、自觉爱国守法"。

爱生是教师职业道德的特殊性所在，也是核心所在。这些师德规范中既有"关爱学生"这样的简要表述，也有针对何种行为（不）是爱生的具体规定。如2018年的准则中的"五、关心爱护学生。严慈相济，诲人不倦，真心关爱学生，严格要求学生，做学生良师益友；不得歧视、侮辱学生，严禁虐待、伤害学生"。

自觉提高业务能力，也是教师职业道德的题中之义。"钻研业务""潜心教书育人"等表述出现在师德规范中。可见，无论规范如何修订，提升业务能力都是教师应有的职业操守。

几经修订，师德规范还是发生了一些引人注目的改变：

1. 规范的价值取向从崇高走向底线

1984年的《中小学教师职业道德要求（试行草案）》要求中小学教师"热爱人民教育事业"。这就意味着国家期待教师具有人民教师的自觉，主动担当培育社会新人的光荣使命。从那一时期的规范建设来看，大多以倡导为主，很少进行底线要求。随着一些师德失范现象的陆续发生，研究者们提出，现有规范"可对'有德性'的教师起点作用,而缺乏对'缺德'教师的鞭策力量"[1]。政府开始强调教师在教育教学工作中应有基本的行为规范。2014年，教育部印发《中小学教师违反职业道德行为处理办法》（以下简称《处理办法》），其中第四条列出了十项师德底线，第

---

[1] 陈桂生.“师德”研究[J].教育研究与实验,2001（3）：8-11+72.

七条明确了教师违反底线要求应给予的处分等级。2018年，教育部又对《处理办法》进行了修订。除了统一规定外，教育部还根据需要专门出台具体规定，如2014年的《严禁教师违规收受学生及家长礼品礼金等行为的规定》、2015年的《严禁中小学校和在职中小学教师有偿补课的规定》。另外，2018年的《新时代中小学教师职业行为十项准则》，每一条既提出正面倡导，又划定师德底线。总之，从崇高师德走向底线师德，一方面是因为从队伍建设来说，底线师德是基础性的，在逻辑上具有优先性。[1]另一方面，也的确源于现实需要。一般而言，随着社会道德底线被突破的个案的发生，人们相应地也会对社会的道德底线产生某种危机意识。[2]一些师德失范事件的发生，让社会大众越来越关注教师的道德底线。

然而，即使是底线要求，在具体落实的过程中也依然可能与教师权利及其常规的教育实践发生冲突。最典型的就是"体罚"这一师德规范的变迁。从禁止体罚，到肯定教师的教育惩戒权，再到在《中小学教师违反职业道德行为处理办法（2018年修订）》删除体罚表述，其相关表述变为"歧视、侮辱学生，虐待、伤害学生"，可见，教师运用惩罚的边界不断地得到调整，一方面要禁止和惩治那些伤害学生身心的不当惩罚，另一方面也要保护和鼓励那些助力学生发展的教育惩戒。由此看来，底线师德的规范也在日渐合理化。

【资料】
历年来各类文件对"体罚"的规定

1984年的《中小学教师职业道德要求（试行草案）》规定："不歧视、

---

[1] 王凯.近年来我国师德观念发展的三大趋向[J].中国教育学刊，2013（1）：49-52.
[2] 吕狂飚.警惕从崇高师德简单转向底线师德[J].中国教育学刊，2018（11）：84-88.

讽刺、体罚学生。"

1986年颁布的《中华人民共和国义务教育法》提出"禁止体罚学生"。

1991年颁布的《中华人民共和国未成年人保护法》和1992年颁布的《中华人民共和国义务教育法实施细则》都规定"不得对学生实施体罚、变相体罚或者其他侮辱人格尊严的行为"。

1993年颁布的《中华人民共和国教师法》规定，对体罚学生经教育不改的教师由所在学校、其他教育机构或者教育行政部门给予行政处分或者解聘，情节严重构成犯罪的要依法追究刑事责任。

1997年的《中小学教师职业道德规范》规定："不讽刺、挖苦、歧视学生，不体罚或变相体罚学生，保护学生合法权益。"

2009年的《中小学班主任工作规定》规定："班主任在日常教育教学管理中，有采取适当方式对学生进行批评教育的权利。"

2016年的《关于防治中小学生欺凌和暴力的指导意见》强调："对实施欺凌和暴力的中小学生必须依法依规采取适当的矫治措施予以教育惩戒……充分发挥教育惩戒措施的威慑作用。"

2018年的《中小学教师违反职业道德行为处理办法（2018年修订）》中的底线规定已无"体罚"字样，变为："歧视、侮辱学生，虐待、伤害学生"。

2019年的《中共中央、国务院关于深化教育教学改革全面提高义务教育质量的意见》明确提出："制定实施细则，明确教师的教育惩戒权。"

2. 规范的内容由行业约束拓展为专业成长

2008年版《中小学教师职业道德规范》的第六条就是"终身学习"，即"崇尚科学精神，树立终身学习理念，拓宽知识视野，更新知识结构。潜心钻研业务，勇于探索创新，不断提高专业素养和教育教学水平"。

这是"终身学习"第一次被写入教师职业道德规范。有研究者指出，这一转变乃是由20世纪末终身教育思潮与21世纪初新课程改革这双重力量的推动导致的。[1]无论是何种原因，当下的师德规范不再只是为了学生健康成长来约束教师行为，而是将教师专业成长视为重要组成部分。这是师德观的一种更新，即将教师幸福看作教师伦理的根源，将教师成长与学生成长统一起来——教师在职业中的自我实现是与学生的自我实现密不可分的。

3. 规范的法律保障从无到有

在1984年第一次公布师德要求之时，还没有相关法律含有师德相关表述。随着1986年《中华人民共和国义务教育法》、1991年《中华人民共和国未成年人保护法》、1993年《中华人民共和国教师法》的颁布，教师的权利和义务得到进一步明确。《中华人民共和国教师法》明确规定，教师要"遵守宪法、法律和职业道德，为人师表"，"关心、爱护全体学生，尊重学生人格，促进学生在品德、智力、体质等方面全面发展"。也就是说，遵守职业道德，成为法律规定的教师义务。因此，师德失范就不再只是一个道德问题，还是一个法律问题，教师需要从依法执教的角度来思考自身的职业行为。虽然践行职业道德已属有法可依，但国家如何利用法律来规范教师行为，仍面临一些法律困境。仅以惩戒权为例，目前的法条中并没有对教师惩戒权的法律概念的明确界定，也缺乏对惩戒主体、惩戒方式、惩戒范围、惩戒地点等的相关规定，更没有具体化的惩戒标准和实施细则。这就阻碍了教师惩戒权的有效运行，对不当惩戒也缺乏约束力。[2]

---

[1] 刘良华."中小学教师职业道德规范"的四个文本的比较[J].教育观察，2012，1（1）：34-40.
[2] 于善萌，高维.改革开放以来我国教师惩戒权的变迁、困境与超越[J].上海教育科研，2018（6）：14-18.

二、师德考核

随着 2000 年《关于加强中小学教师职业道德建设的若干意见》、2005 年《关于进一步加强和改进师德建设的意见》、2013 年《关于建立健全中小学师德建设长效机制的意见》、2019 年《关于加强和改进新时代师德师风建设的意见》等专项文件的出台，两级师德考核体系逐步形成。

1. 第一级：学校对教师的师德考核

早在 2000 年，《关于加强中小学教师职业道德建设的若干意见》便指出，"要建立健全教师职业道德考核制度，把职业道德作为考核教师工作的重要内容和职务聘任的重要依据"。2005 年，《关于进一步加强和改进师德建设的意见》又进一步丰富了之前的规定，完善了学校对教师入职时的师德考核与在职时的师德考核的具体要求，如"进一步完善教师资格认定和新教师聘用制度，把思想政治素质、思想道德品质作为必备条件和重要考察内容"，再如"对师德表现不佳的教师要及时劝诫，经劝诫仍不改正的，要进行严肃处理。对有严重失德行为、影响恶劣者一律撤销教师资格并予以解聘"。在 2013 年的《关于建立健全中小学师德建设长效机制的意见》中，师德惩处被单独作为一项，与师德考核并列，可见国家进行师德管理的力度。而师德考核的地位也在这一文件中得以强调，文件指出："将师德考核作为教师考核的核心内容，摆在首要位置……师德考核不合格者年度考核应评定为不合格，并在教师资格定期注册、职务（职称）评审、岗位聘用、评优奖励和特级教师评选等环节实行一票否决。"师德考核的一票否决制至此建立。而且，在这一文件中，师德考核的方式、等级、程序都得到明确规定，促使这一制度在落实时能够有依据、有抓手。

2. 第二级：相关部门就师德对学校进行考核

这一级别的考核呈现出日渐严格的趋势，可见国家对于师德建设的重视。最初《关于加强中小学教师职业道德建设的若干意见》只是提出："教师职业道德建设情况要作为考核各级教育行政部门领导和学校校长的一项重要内容。"而到教育部印发《关于建立健全中小学师德建设长效机制的意见》之时，相关表述就变为"建立问责制度。对教师严重违反师德行为监管不力、拒不处分、拖延处分或推诿隐瞒，造成不良影响或严重后果的，要追究学校或教育主管部门主要负责人的责任。对涉及违法犯罪的要及时移交司法部门"。也就是说，原来针对师德的学校考核已经发展成为一种师德问责制，追究到人，落实到法。

三、师德监督

师德监督是将一切师德相关内容作为监督对象，以期实现有效预防、合理整治、全面提升的目标。2000年的《关于加强中小学教师职业道德建设的若干意见》就已确定了监督主体：既包括教育督导部门，也包括学生、家长和社会。而2013年的《关于建立健全中小学师德建设长效机制的意见》，不仅再次强调要构建学校、教师、学生、家长和社会广泛参与的师德监督体系，而且要求教育行政部门和学校建立健全师德年度评议制度、师德问题报告制度、师德状况定期调查分析制度和师德舆情快速反应制度，同时要建立多种形式的师德投诉、举报平台。

近十多年来，师德建设成为各级各类教师队伍建设的首要任务。[1]从《关于建立健全中小学师德建设长效机制的意见》到《中小学教师违反

---

[1] 李新翠：新时代师德建设的现实困境及其突围[J]，当代教育科学，2020（4）：80-84.

职业道德行为处理办法》《严禁教师违规收受学生及家长礼品礼金等行为的规定》《严禁中小学校和在职中小学教师有偿补课的规定》《中小学教师违反职业道德行为处理办法（2018年修订）》，再到《新时代中小学教师职业行为十项准则》以及《关于加强和改进新时代师德师风建设的意见》，全方位的师德专项政策已经形成，师德监督的法律规范已近完备。

但目前，师德监督还存在着一些问题亟待解决。

1. 媒体监督过度化，必须适度

当代社会，媒体的力量是不容忽视的。教育作为群众关心、社会关切和政府关注的民生领域，极易成为媒体聚焦报道的领域。媒体对教师群体的报道，客观上发挥了师德监督的作用，对于教育部门协同社会力量揪出教师队伍中的害群之马有非常大的作用，同时也能起到极强的警示作用。但是，媒体作用与经济效益挂钩之后，媒体的报道对于师德监督而言就呈现出过度化的趋势，极易造成教育秩序的紊乱，甚至造成民情民意对教育行政部门就个别教师师德问题处理的干扰甚至左右，更为严重的是可能导致教师群体形象在社会中被妖魔化和丑化，损害了中华民族尊师重教的传统美德。

2. 家长监督情绪化，必须中立

一方面，随着家长受教育程度的提高，民主意识的增强，家长维权事件越来越多，家校冲突、家长与教师的冲突越来越多。另一方面，随着独生子女越来越多或者少子化现象的普遍来临，家长对于自家孩子的教育越来越重视，出现了对教师的非理性要求，对学校的非理性期待。譬如，要求教师像父母一样全方位、无死角、精细化地关心孩子，要求教师随时待命为学生和家长服务解疑，不能有片刻迟疑，不能有丝毫怠慢。[1]家长

---

[1] 李新翠.新时代师德建设的现实困境及其突围[J].当代教育科学，2020（4）：80-84.

的这种非理性监督，让教师成为"惊弓之鸟"，面对问题学生不敢管，秉持多一事不如少一事的态度；让教师成为鱼缸里的鱼，没有专业自主权和专业隐私权。这种非理性监督，严重不利于教师职业发展和师德建设，因而亟待呼吁家长在监督时保持中立、客观态度。

3. 政府监督简单化，必须立体

一方面，从内容来看，以《中小学教师违反职业道德行为处理办法》为例，第四条规定了十一项违反职业道德的行为。这些要求不仅与教师教书育人的责任使命多有出入，而且对教师职业的本质和属性体现得不够深刻和到位。[1]另一方面，在师德监督的实际操作中，对师德失范行为则"一票否决"。量化评价与教师收入挂钩以及指标化评价本身等，都严重违背道德发生的规律及其本质要求，并不利于师德建设的良性发展。

四、师德教育

包括师德规范、师德考核和师德监督在内的师德管理，往往偏向于用外在手段制约和规范教师的行为，使其不得不遵守职业要求。而师德教育与师德宣传，则有利于激发教师的内在动机，让其自觉践行职业伦理，并在职业生涯中实现道德成长。师德教育是通过系统学习的方式，让教师储备"何为有德性的教师""如何做有德性的教师"的相关知识。一般情况下，具备这些知识的教师，更容易做出符合职业道德要求的行为。

就国家师德教育的相关政策来看，这些年的发展呈现出如下共性。

1. 始终强调思想政治教育在师德教育中的重要地位

2000年，《关于加强中小学教师职业道德建设的若干意见》在罗列了

---

[1] 李新翠.新时代师德建设的现实困境及其突围[J].当代教育科学，2020（4）：80-84.

师德教育的主要内容（主要包括政治理论，教育方针、政策，法律法规，教师职业道德规范，教师心理健康教育等）之后，又指出："在实施'中小学教师继续教育工程'中，要把思想政治教育和职业道德教育放在突出地位。"2005年，《关于进一步加强和改进师德建设的意见》明确提出，师德建设的主要任务之一便是提高教师的思想政治素质。在2018年1月中共中央、国务院印发的《关于全面深化新时代教师队伍建设改革的意见》（以下简称《意见》）中，"突出师德"乃是基本原则，而这一原则的内涵就包括"把提高教师思想政治素质和职业道德水平摆在首要位置，把社会主义核心价值观贯穿教书育人全过程"。另外，在"着力提升思想政治素质，全面加强师德师风建设"这一条举措中，《意见》专门指出："创新教师思想政治工作方式方法，开辟思想政治教育新阵地，利用思想政治教育新载体，强化教师社会实践参与，推动教师充分了解党情、国情、社情、民情，增强思想政治工作的针对性和实效性。要着眼青年教师群体特点，有针对性地加强思想政治教育。"

2. 始终努力推动师德教育贯穿教师教育全过程

早在2000年，《关于加强中小学教师职业道德建设的若干意见》中就提到了各种各样的职业道德教育形式，涵盖了职前教育（师范教育）和职后教育的不同阶段。《关于进一步加强和改进师德建设的意见》也明确指出，"要多渠道、分层次地开展各种形式的师德教育"，"将教师职业道德教育列为教师培养和职后培训的重要环节"。而2018年2月发布的《教师教育振兴行动计划（2018—2022年）》，直接以师范生和在职教师为不同教育对象，提出师德教育的办法和形式。

3. 始终致力于提高师德教育的实效

《关于加强中小学教师职业道德建设的若干意见》明确提出："努力提高针对性和实效性，克服形式主义。"师德教育如果流于形式、浮于表面，就不容易促成教师的职业认同。这些年的师德教育政策主要通过三种方式来加强实效。一是坚持理论与实践相结合，通过采取实践反思、师德典型案例评析、情景教学、把教书育人楷模请进课堂等方式，使得"师德"以一种生活化的方式，而非学理性的方式，与教师发生联系，从而加深教师对德性生活的理解和认同。二是抓住专门课程、专题培训的重要渠道。政策规定师范生培养必须开设师德教育课程，新任教师岗前培训必须开设师德教育专题。这为师德教育提供了基本保障——师德不再是选修项目，而是必修项目。三是探索师德教育的相关标准。《教师教育振兴行动计划（2018—2022年）》就作出了最新探索，如提出"研制出台在教师培养培训中加强师德教育的文件和师德修养教师培训课程指导标准"，"制订教师法治培训大纲"。有了相关标准，培训的目标、内容和方式就有了可以遵照的文本，培训者在实施时能够做到心中有数，在评估效果时也能实现有据可循。

五、师德宣传

我国一直比较重视师德宣传，重视发现和表彰教师队伍中的道德楷模。特别是近几年，"最美教师"的评选规模及其宣传力度都是空前的。通过类似评选，全社会也认识了一批业务精湛、品德高尚的教师。但要形成全社会尊师重教的风气，要真正提高教师职业的社会地位和社会认可度，真正吸引优秀人才从事教育事业，类似宣传还是不够的，还需要创新思路、开拓渠道，加大对教师职业的崇高性和幸福感的宣传。

1. 重要会议和讲话对师德的倡导是师德宣传的良好契机

1981年，出席全国中小学工会思想政治工作经验交流会的全体代表共同发出《建设社会主义精神文明　开展"五讲四美"为人师表的活动倡议书》，倡议全国教育工作者"道德高尚、严于律己、言传身教、为人师表"，做社会主义精神文明的积极建设者。1992年教师节前，江泽民来到北京师范大学与师生座谈，谈及教师时，江泽民强调："老师不仅要引导学生，而且要使整个社会的教育和中华民族有一个向上的、奋勇向前的精神。"[1]这就意味着教师首先要有较高的政治素养和道德素养，才能够对学生实施引导。2007年，胡锦涛在全国优秀教师代表座谈会上，对教师提出了四点希望：一是希望广大教师爱岗敬业、关爱学生；二是希望广大教师刻苦钻研、严谨笃学；三是希望广大教师勇于创新、奋发进取；四是希望广大教师淡泊名利、志存高远。胡锦涛还专门指出："高尚的师德，是对学生最生动、最具体、最深远的教育。"[2]2014年教师节前夕，习近平在与北京师范大学代表座谈时提出了好老师的标准，即要有理想信念、要有道德情操、要有扎实学识、要有仁爱之心。[3]2016年，习近平在考察北京市八一学校时强调："广大教师要做学生锤炼品格的引路人，做学生学习知识的引路人，做学生创新思维的引路人，做学生奉献祖国的引路人。"[4]可以发现，我国历任最高领导人皆对师德问题非常重视，他们专门地谈、反复地谈、动情地谈师德的内涵及重要性，媒体和各级教育行政部门也借这些机会大力宣传师德师风，力争在全社会营造尊师重教的氛围。

2. 师德表彰是师德宣传的重要依托

一方面，师德表彰活动的宣传，本身就是在传递一种国家重视师德、

---

[1] 江泽民总书记叮咛："谱写中国教育的新篇章"[EB/OL].[2019-07-19]. http://www.bj.xinhua.org/zhuanti/bsd/bsd-19.htm.

[2] 胡锦涛.在全国优秀教师代表座谈会上的讲话[N].人民日报，2007-09-01（1）.

[3] 习近平.做党和人民满意的好老师——同北京师范大学师生代表座谈时的讲话[N].人民日报，2014-09-10（2）.

[4] 全面贯彻落实党的教育方针 努力把我国基础教育越办越好[N].人民日报，2016-09-10（1）.

提倡师德的信号，教师及社会大众能够从这样的宣传中鼓舞信心、坚定信念。另一方面，师德表彰能够为师德宣传提供先进人物、典型事例的素材，通过宣传优秀教师的先进事例，教师就能够自觉受其感召，学其做法。1983 年，国家教委、全国教育工会在北京召开全国"五讲四美"为人师表活动先进代表会议，并在会上对先进个人和集体进行了表彰。1998 年 2 月 12 日，由全国教育工会组织评选的 10 名"全国师德标兵"产生，由此开启了"全国师德标兵"的评选活动。2013 年，中国教科文卫体工会全国委员会、教育部办公厅印发《关于开展全国职工职业道德建设先进（师德标兵）评选表彰活动的通知》。在各省级教育部门推荐的基础上，全国职工职业道德建设先进（师德楷模）评审会议从各省级教育部门推荐的第一名师德标兵中，评审产生十名全国师德楷模。这些全国师德楷模的事迹十分感人。经由媒体报道，他们感染和感动了更多在一线辛勤耕耘的教师。

【案例】

陈斌强（2013 年全国师德楷模）的事迹介绍

陈斌强，男，汉族，1976 年出生，本科毕业，浙江省磐安县实验初中语文教师、省级普通话测试员。他曾获得金华市教师技能比武一等奖、最美浙江人——2012 年度浙江骄傲人物、"感动中国"2012 年度人物、央视"我的父亲母亲"形象大使、浙江省五一劳动奖章、中国青年五四奖章等奖项和荣誉。

他坚守山区教学 20 年，山区学校缺什么教师，他就教什么，先后教过 9 门课程，被称为"万金油"。他教的两个班，语文成绩连续多年蝉联当地联考第一名。2007 年，母亲患上阿尔茨海默病，他将母亲绑在身后，骑着电瓶车每周往返于 30 千米的山路中，以强大的毅力坚持照顾母亲和教学工作两不误。2013 年，他被授予中国青年五四奖章，在参加共青团"实现中国梦,青春勇担当"五四主题团日活动时,受到习近平总书记的亲切接见。

（选编自《关于全国职工职业道德先进(师德楷模)评审结果公示的公告》,教育部网站）

除了专门的师德表彰,教育部印发的《关于建立健全中小学师德建设长效机制的意见》明确指出:"把师德表现作为评选教书育人楷模,模范教师、教育系统先进工作者、优秀教师、优秀教育工作者、中小学优秀班主任、中小学德育先进工作者等表彰奖励的必要条件。在同等条件下,师德表现突出的,优先评选特级教师和晋升教师职务（职称）、选培学科带头人和骨干教师。"事实上,即使没有明文规定,以往评选出来的优秀教师也一定是师德方面表现突出的教师,因为如果一名教师能被评为"优秀",往往不会仅仅凭他教学技巧高超,而通常是由于德艺双馨,能给学生的成长带去深远的影响。

3. 各类师德专题活动也为师德宣传提供了机会

如每年教师节以庆祝节日为契机而集中开展的师德宣传教育活动,再如全国师德论坛,都为师德宣传提供了机会。全国师德论坛是教育部为深入贯彻落实《中共中央、国务院关于进一步加强和改进未成年人思想道德建设的若干意见》精神而发起的,第一届论坛的召开时间为2004年9月9日至10日。

纵观我国师德建设的发展历程,可以发现这是一个不断体系化、科学化、人本化的过程。体系化的突出表现是:我国已初步建立了教育、宣传、考核、监督与奖惩相结合的中小学师德建设长效机制。通过细致的师德管理、深入的师德教育和广泛的师德宣传,师德建设已织就了一张既有底线要求又有崇高追求的大网,每名教师都身处其中,或多或少地受到影响。科学化则意味着师德建设中对教师提出的要求和强调的纪律，皆在不断调整，以更符合教师的工作实际。如前文所提到的惩戒权的变迁：当下的政策导向不再一边倒地禁止和严惩教师的惩罚行为，而是尊重教师的教育权利，以教育规律的视角来正视教师的合理惩戒。人本化就是说师德建设不再仅仅对教师提要求、讲纪律，还关注到教师的专业成长。只有当教师能够理解师德建设是自己从教育事业中获得意义感的重要条件时，他们才真正乐意遵守师德。[1] 人本化的师德建设，就是将教师的专业发展及其职业幸福感的获得作为重要的考虑范畴，既为了学生，也为了教师来开展活动。

但也有学者提出，目前的师德建设仍存在规范不够具体、发展阶段考虑不足、专业组织参与不够等问题。具体来看，虽然目前我国的中小学教师职业道德规范已经提出了一些底线要求，但相较于其他国家的教师职业规范，我们的表述仍显抽象。规范不够具体一方面容易造成有些内容未被考虑在内，另一方面可能造成一些已考虑到的内容不易落实。如，在《中小学教师职业道德规范（2008年修订）》中，"教书育人"这一条的解释为："遵循教育规律，实施素质教育。循循善诱，诲人不倦，因材施教。培养学生良好品行，激发学生创新精神，促进学生全面发展。不以分数作为评价学生的唯一标准。"除了最后一句，其他的表述皆未转换成实践中可操作、可评价、可监督的标准。发展阶段考虑不足，是指已有的师德建设虽然考虑到了职前和职后两大阶段，但并未按照教师入职之后的专业道德发展阶段来设计方案。然而，"不同生涯阶段或专业发展水平的教师，师德水平与需求并不相同，师德建设应当有不同的建设重点，需要不同的

---

[1] 孙建辉.师德修养是"为己之学"——专访北京师范大学公民与道德教育研究中心主任檀传宝教授[J].中国教师，2018（3）：17-21.

策略"[1]。专业组织参与不够则是指当前的师德建设乃是行政主导的，虽然具有易统一、好推进等优势，但还可能出现由垂直管理方式带来的忽视专业自主和道德调节的问题。[2]唯有教师专业自治组织能够自觉承担起维护专业形象的使命，师德建设才具有真正的生命力，师德建设的实效才会大大提高。

---

[1] 檀传宝.论教师"职业道德"向"专业道德"的观念转移[J].教育研究，2005（1）：48-51.
[2] 檀传宝.当前师德建设应当特别关注的三大问题[J].中国教师，2007（2）：10-12.

第二节　德育课教师队伍

德育学科教师是开展直接德育的中坚力量。我国历来重视德育学科教师的建设。2019年3月18日，习近平主持召开学校思想政治理论课教师座谈会。在会上，习近平指出："办好思想政治理论课关键在教师，关键在发挥教师的积极性、主动性、创造性。"[1]此次会议再次强调了思想政治理论课教师的重要性，进一步推动了思想政治理论教师队伍建设。

一、德育学科教师的配备选聘

改革开放初期，中小学德育学科课程刚刚恢复，学校中往往没有专门的德育学科教师。1986年，国家教育委员会印发的《全日制小学思想品德课教学大纲》指出："思想品德课教师一般由班主任和少先队辅导员担任，有条件的学校可以配备专职教师。"为了解决德育学科教师来源不足的问题，1986年的《关于在中专、中师贯彻〈中共中央关于改革学校思想品德和政治理论课程教学的通知〉的意见》专门提出："请各地教育部门做出

---

[1] 张烁.用新时代中国特色社会主义思想铸魂育人　贯彻党的教育方针落实立德树人根本任务[N].人民日报，2019-03-19（1）.

综合规划，确定从高等师范学校毕业生中分配给中专、中师的比例，提请计划、人事部门从综合大学毕业生中分配一些名额给中专、中师。这些毕业生应由主管教育部门负责分配，保证每年有一定数量的本科毕业生直接分配到中专、中师任政治教师。要鼓励和支持一些有条件的高等院校设置培养中专、中师政治教师的师范班或专业，并纳入高校招生计划。"1995年，国家教委印发的《关于进一步加强和改进中学思想政治课教学工作的意见》也提出：为保证思想政治课教师队伍的后备力量，各地除鼓励应届高中毕业生积极报考师范院校政教专业外，还应有计划地选送优秀的学校的团委书记、大队辅导员到师范院校或教育学院政教、政法、政史专业进修学习，毕业后补充进思想政治课教师队伍。不仅如此，各项政策还考虑到德育学科教师队伍的稳定性，如《关于在中专、中师贯彻〈中共中央关于改革学校思想品德和政治理论课程教学的通知〉的意见》就强调："稳定中专、中师政治教师队伍。教育部门和学校领导要关心政治教师的思想，尽可能帮助他们解决一些工作和生活中的实际困难，使他们心情舒畅地从事自己的工作。今后任何部门和单位，都不要轻易调动政治教师改做其他工作。要鼓励新分配到中专、中师任教的大学毕业生热爱这一光荣的岗位。"而2000年的《中共中央办公厅、国务院办公厅关于适应新形势进一步加强和改进中小学德育工作的意见》，则明确要求在教育硕士学历教育中增设中学德育研究方向。可以说，为了推进德育学科教师专职化，我国已从专业设置、人才分配等方面作出了大量努力。

我国不仅重视德育学科教师专职化，同时也十分关注德育学科教师的专业化。在德育学科教师所应具备的素养方面，我国政策文本中至少提及了如下所示的四个方面：

1. 过硬的思想政治素质

身为德育学科教师，必须有过硬的思想政治素质。这是教师教学的基本前提，如果教师讲一套做一套，教师本身的思想政治素养不能匹配教师所教授的内容，学生就不可能信服教师所讲。因此，1980年，教育部印发《改进和加强中学政治课的意见》强调："政治课是一门科学性和党性很强的学科，政治教师必须热爱党，热爱社会主义，坚信马克思主义；要掌握马列主义、毛泽东思想的理论。"

2. 基本的文化知识

教师的思想政治素养与其文化素养有着密不可分的联系。教师只有积累了相关的文化知识，才能够对社会性质、社会发展持有更深刻的认识，在与学生讲道理时才能表达得更清楚，在与学生谈信仰的时候才能表现得更坚定。1985年，《中共中央关于改革学校思想品德和政治理论课程教学的通知》提出，德育学科教师须有"比较丰富的社会科学文史知识和必要的自然科学知识"，并"热心于青少年思想理论教育工作"。也正是出于对基本文化素养的考量，多个文件都对德育学科教师的学历有所要求，如1995年的《关于进一步加强和改进中学思想政治课教学工作的意见》要求："初中思想政治课教师应具备相当于大学政教专业专科毕业或以上的学历，高中思想政治课教师应具备相当于大学政教专业本科毕业或以上的学历。"

3. 一定的思想教育工作经验

德育比一般的文化类学科课程更需要教师的教育智慧，即教师能够体察到学生的道德需要，认识到学生的道德发展阶段，以符合学生身心特征的方式对学生施教。这是对从教者的观念和能力的考验。所以，1985年的《中共中央关于改革学校思想品德和政治理论课程教学的通知》将"热心于青少年思想理论教育工作"列为教师的必要条件。1995年的《关于进一步加强和改进中学思想政治课教学工作的意见》也表示要让优秀的学校团委书记和大队辅导员补充到德育学科教师的队伍中来，因为他们具备丰富的学生工作经验。

4. 主动的合作意识

德育学科教师主要发挥在课程这一渠道中的教化作用，但学校德育还有其他实施主体。1986年，国家教委修订颁布的《全日制小学思想品德课教学大纲》提出："专职教师要与班主任、辅导员紧密配合，以提高教学效果。"

二、德育学科教师的培训进修

培训进修是德育学科教师走向专业化的重要依托，国家对此十分重视。国家教委在《关于进一步加强和改进中学思想政治课教学工作的意见》中就明确提出："今后各地要逐步把专职思想政治课教师参加进修培训的考核情况作为评定教师专业职称和晋级的必备条件。"

在培训和进修的目标方面，通过梳理德育学科教师的培训进修政策，可以发现，培训和进修主要为了解决两大问题：一是人员的配备问题，二是人员的提升问题。为了配足配齐德育学科教师，国家的确在多个政策中提到了进修事宜。除了上文提到的让优秀的学校团委书记、大队辅导员通过进修补充至德育教师队伍，1995年的《关于进一步加强和改进中学思想政治课教学工作的意见》也规定，学历水平没有达到现有要求的思想政治教师，应该通过进修达到要求。而人员的观念和能力的提升，更是德育学科教师培训的重点。尤其是我国中小学德育课程改革的这些年，每一次新的课程标准的出台都伴随着相应的教师培训问题。1997年，国家教委下发的《关于印发〈九年义务教育小学思想品德课和初中思想政治课课程标准（试行）〉的通知》特别指出，《课程标准》涉及许多方面的理论问题和教育实践问题，对于教师的自身素质和知识水平又提出了更高的要求，因此国家及地方皆应开展多种方式的教师培训工作，以增强贯彻落实《课程标准》的自觉性。另外，还有一项学习内容，国家要求德育学科教师要学习，即对国家重要政策和文件的学习。教育部印发的《改进和加强中学政治课的意见》专门提出："为搞好政治课教学，中学政治教师必须阅读一定范围的文件和听传达报告，原则上凡是党员校长可以阅读的文件和可以听的报告，也应让党员政治教师阅、听。同时，可将与教学有关的文件、报告的精神传达给非党员政治教师。"

在培训和进修的形式方面，政策文本中也时有涉及。《改进和加强中学政治课的意见》规定："要根据具体条件，把脱产进修与业余进修、系统进修与专题进修、课堂讲授与函授等形式结合起来。《关于在中专、中师贯彻〈中共中央关于改革学校思想品德和政治理论课程教学的通知〉的意见》则提出："要充分利用广播、函授、电视等教育方式培训在职教师。鼓励并支持教师通过自学提高自己的知识水平。"

在培训和进修的主体方面，政策文本中提到了国家教委、高等院校、教师进修学院(校)、各级党校、中小学教师培训机构、中小学校等不同级别、不同类别的组织。大多数情况下，文件都要求不同组织各司其职、精诚合作，以完成培训任务，如《关于印发〈九年义务教育小学思想品德课和初中思想政治课课程标准（试行）〉的通知》就表示："国家教委将有计划地开展教师培训工作，各地教育行政部门和教研部门也要结合本地实际情况开展多种方式的教师培训工作。"

三、德育学科教师的职称评审

德育学科教师的职称评审得到了政策的支持和倾斜。这种支持具体体现在如下三个方面：①德育工作业绩被纳入职称评定的考察范畴。1990年的《关于进一步加强中小学德育工作的几点意见》指出："专职从事德育工作的人员，也应以其德育工作的业绩为依据，按照中小学教师职务试行条例评聘相应的职务。"②德育学科教师的专业发展空间得以拓展。1993年公布的《小学德育纲要》规定："成绩突出的思想品德课教师和教研员可评为高级教师。"③德育学科教师的职称评定具有灵活调整的空间。《关于在中专、中师贯彻〈中共中央关于改革学校思想品德和政治理论课程教学的通知〉的意见》提出："政治教师职务的评审与聘任或任命，主要应考察教师的教学效果和提高学生思想的能力，同时也需要考察教师的科研成果。凡是有一定学术水平的专著、论文、教材、学术资料及教学法的研究成果等，都可作为评审与聘任或任命教师职务的科研成果。评审与聘任或任命教师职务时，对1966年以前参加工作的政治教师的外语要求，可适当放宽。"

从已有的德育学科教师队伍建设来看，目前已经初步建立了配备选聘、培训进修、职称评审为一体的完整体系，为德育学科教师自身的能力提升、学校的德育实效的提高提供了基本保障。另外，我们也需看到，虽然政策给予了诸多支持，德育教师专职化还未在全国中小学校实现，依然有很多学校的直接德育课程是由班主任或其他科教师担任。而且，德育教师的专业能力也有待提高。尤其是在德育课程理念不断更新的今天，部分德育学科教师并没有与时俱进，依旧采用陈旧的教学方法，给学生带去空洞、无聊的体验，致使德育学科课程未能发挥其预期的效果。

【资料】
习近平总书记在学校思想政治理论课教师座谈会上的讲话（节选）

办好思想政治理论课关键在教师，关键在发挥教师的积极性、主动性、创造性。思政课教师，要给学生心灵埋下真善美的种子，引导学生扣好人生第一粒扣子。第一，政治要强，让有信仰的人讲信仰，善于从政治上看问题，在大是大非面前保持政治清醒。第二，情怀要深，保持家国情怀，心里装着国家和民族，在党和人民的伟大实践中关注时代、关注社会，汲取养分、丰富思想。第三，思维要新，学会辩证唯物主义和历史唯物主义，创新课堂教学，给学生深刻的学习体验，引导学生树立正确的理想信念、学会正确的思维方法。第四，视野要广，有知识视野、国际视野、历史视野，通过生动、深入、具体的纵横比较，把一些道理讲明白、讲清楚。第五，自律要严，做到课上课下一致、网上网下一致，自觉弘扬主旋律，积极传递正能量。第六，人格要正，有人格，才有吸引力。亲其师，才能信其道。要有堂堂正正的人格，用高尚的人格感染学生、赢得学生，用真理的力量感召学生，以深厚的理论功底赢得学生，自觉做为学为人的表率，做让学生喜爱的人。

（选编自张烁《用新时代中国特色社会主义思想铸魂育人 贯彻党的教育方针落实立德树人根本任务》，《人民日报》2019年3月19日）

第三节 班主任队伍

班主任是我国德育实践的主力军。相关研究显示，截至2017年，我国中小学班主任人数就已达到387万，占中小学教师队伍的三分之一以上。[1] 国家多次出台专门文件对这支队伍进行指导和管理，取得了可喜的进展。

一、班主任的配备选聘

不同于德育学科教师队伍建设文件中的协商口吻，国家在确立班主任制度之初，就对班主任配备作出了严格要求。1952年颁布的《小学暂行规程（草案）》和《中学暂行规程（草案）》均提出：各班采取教师责任制，各设班主任一人。2009年发布的《中小学班主任工作规定》又再次强调："中小学每个班级应当配备一名班主任。"

经由数十年的发展，班主任的选聘标准呈现出日渐专业化的特征。2006年，教育部印发的《关于进一步加强中小学班主任工作的意见》第一次用"专业性"这个词来界定班主任岗位，指出"班主任岗位是具有较高

---

[1] 薛二勇，李廷洲.我国中小学班主任制度的政策分析与建议[J].人民教育，2017（7）：32-35.

素质和人格要求的重要专业性岗位"。具体来看，这种专业化的趋势有三个表现：

1. 聘用程序更加科学

1979年的《关于普通中学和小学班主任津贴试行办法（草案）》只是提出任用班主任时，"按照择优任用的原则，每学年经过教师评议一次，由学校领导批准"。1988年的《小学班主任工作暂行规定（试行草案）》和《中学班主任工作的暂行规定》就都明确了聘用的决定权在校长：班主任由学校校长任免。学校校长要按照条件选聘班主任。一旦确定了责任人和标准，选聘程序就更加公开公正。2009年的《中小学班主任工作规定》又增加了一个聘用程序，即"岗前培训"。文件要求："教师初次担任班主任应接受岗前培训，符合选聘条件后学校方可聘用。"岗前培训环节的加入，使得班主任的专业门槛提高。

2. 聘用期要求更加明确

在早期的文件中，并无聘期的明文规定，直至2006年的《关于进一步加强中小学班主任工作的意见》指出："中小学班主任一般应由学校从任课教师中选聘，聘期由学校确定。"在2009年的《中小学班主任工作规定》中，有关聘期的要求又扩展为："聘期由学校确定，担任一个班级的班主任时间一般应连续1学年以上。"聘期规定之所以重要，乃是因为班主任工作需要一定的连续性，唯有教师深入了解学生，与学生建立了长期、稳定的关系后，才能展开真正利于学生长远发展的教育实践。如果学校总是临时聘用和调配班主任，学生就不能得到持续关注，教师很难开展有效工作。

3. 选聘条件更符合班主任工作特征

1979年的《关于普通中学和小学班主任津贴试行办法（草案）》只是笼统地提出：班主任应由工作好、思想好、作风好，具有一定教学水平、管理学生经验和组织能力的教师担任。2006年的《关于进一步加强中小学班主任工作的意见》则作出详细的规定："中小学班主任要忠诚党的教育事业，热爱学生，善于做学生的思想工作，具有符合素质教育要求的教育观和较强的教育教学和组织能力，掌握教育学、心理学的基本知识和方法，熟悉相关法律法规；品德高尚，为人师表，具有团结协作精神和较强的人际沟通能力。"可见，善做思想工作、素质教育观、团结精神、沟通能力等与班主任专业性直接相关的能力已经进入决策者的视野。2009年的《中小学班主任工作规定》要求选聘班主任应当在教师任职条件的基础上突出考查以下三方面：一是作风正派，心理健康，为人师表；二是热爱学生，善于与学生、学生家长及其他任课教师沟通；三是爱岗敬业，具有较强的教育引导和组织管理能力。可以说，这一文件对班主任的专业能力进行了有益的探索，学校如果据此标准来选聘班主任，就能够提高班主任建设初始环节的效率。

二、班主任的职责规范

有关班主任职责的规定，是班主任专项文件的常规项目。总体来看，文件规定的班主任职责有如下三大方面：①对学生个体的教育和引导。班主任需关心学生的思想、心理、学习、生活等各方面的状况，换言之，就是要关注每一位学生的全面发展。②对学生集体的培育和管理。班主任需通过班级管理、班级活动等多种方式营造健康向上的集体氛围，打造充满活力的班级文化和团（队）文化。③与学生成长中的重要他人的沟通与合作。班主任需经常与任课教师、学生家长、学生所在社区联系，努力形成教育合力。可以说，这三大职责的最终目的是为了每位学生的个体发展。班主任的职责不同于其他教师的职责，其特殊性就在于：他们的工作乃是借由班级这个特殊组织来发挥作用的，即通过成为班级的负责人来实现学生发展的目的。

通过对文件的梳理，我们也可以发现国家对班主任职责的规范发生了一些变化。

1. 职责日渐清晰

初期的职责规范，内容繁多，且层次不够清楚。1988 年的《中学班主任工作的暂行规定》列出了八项班主任职责，其中"向学生进行思想政治教育和道德教育""教育学生努力完成学习任务""教育、指导学生参加学校规定的各种劳动""关心学生课外生活"皆是指向学生个体的教育和引导，但文件却是分而述之。2009 年的《中小学班主任工作规定》就将这些内容浓缩为了一条，且职责总数也减少为五项。

2. 对学生集体的培育和管理的相关内容增多

在 1979 年的《关于普通中学和小学班主任津贴试行办法（草案）》中，只有"努力使本班形成一个遵守纪律、团结向上、勤奋学习、朝气蓬勃的集体"和"组织领导班委会的工作，指导本班共青团、少先队开展活动"这两句话提到了班集体建设的内容。但在 2009 年的《中小学班主任工作规定》中，五项职责里有两项是班集体建设内容，且对这两项内容（分别是班级日常管理和班级活动）都有详尽的描述。

3. 更加重视班主任的品行评价权利

责任和权利往往是一体两面，班主任制度在分配责任的同时，也赋予了班主任众多权利。但品行评价的权利并未出现在最早的文件中。直至 1988 年，《小学班主任工作暂行规定（试行草案）》才在班级日常管理这一内容中，加入了"做好学生的品德评定和学籍管理工作"的细则。而 2009 年的《中小学班主任工作规定》则将其作为有别于班级日常管理的专门责任，与其他四项责任并列："组织做好学生的综合素质评价工作，指导学生认真记载成长记录，实事求是地评定学生操行，向学校提出奖惩建议。"

由班主任的品行评价权利的逐步提升,可看出班主任在德育实践中的重要地位。德育学科教师虽然教授了专门课程,但其掌握的仅是学生在该门课程中的表现的评价权,而非学生最终的品行评价权。可见,在政策制定者眼中,班主任对学生的综合判断才更具有评价的可信度。

4. 更加重视教育合力的作用

在1979年的《关于普通中学和小学班主任津贴试行办法(草案)》中,班主任与家长和社区取得联系,主要是为了加强学生的思想政治工作。且2009年之前的各个文件皆是将班主任与任课教师的联系和与家长、社区的联系区分开来。与任课教师联系,是为了教育、帮助学生明确学习目的,端正学习态度,掌握学习方法,提高学习成绩。而与家长和社区联系,则是为了争取他们的配合,做好学生的教育工作。但在2009年的《中小学班主任工作规定》中,这两方面的规定合为一条:"经常与任课教师和其他教职员工沟通,主动与学生家长、学生所在社区联系,努力形成教育合力。"这一变化说明了教育观念的革新,即班主任、任课教师、家长和社区皆是学生道德品质发展中的重要他人,班主任不是分别与他们取得联系,以实现某种局部的目标,而是与这些人共同为学生整全人格的养成而努力。

三、班主任的培训进修

早在20世纪80年代,班主任的进修培训就得到了政策的关注。1988年的《中学班主任工作的暂行规定》对培训的组织者、参与者、培训内容和培训目标等多方面作出要求。2006年是班主任专业化进程中具有里程碑意义的一年。这一年教育部颁布的《关于进一步加强中小学班主任工作的意见》,不仅从认识上肯定了班主任岗位是专业性岗位,班主任队伍建设与任课教师队伍建设同等重要,而且从实践上对班主任培训进行了详细的部署。这一部署包括培训制度建设、学历教育支持、经费保障三大方面。培训制度建设方面,文件要求至少构建两级培训:"各级教育行政部门应将中小学班主任培训纳入教师全员培训计划,学校也应制订班主任培训计划,有组织地开展岗前和岗位培训,定期交流班主任工作经验。"学历教育支持方面,文件明确规定:"教育硕士学位教育中应开设中小学班主任工作方面研修,并优先招收在职优秀班主任","高等院校应该在思想政治教育专业中招收有班主任工作经历的老师,开设专门课程,为学生毕业以后从事班主任工作提供必要的理论和技能的训练"。如此一来,班主任教师如果想获得更系统的专业提升,就有了机会和平台。经费保障则是为班主任培训进修提供资金上的支持。文件特别强调:"班主任培训所需经费在教师培训专项经费中列支。"同年,教育部启动实施"全国中小学班主任培训计划",中小学班主任培训真正被纳入教师继续教育体系。

四、班主任的待遇奖励

为了鼓励教师做好班主任工作,提高教育质量,国家一直重视班主任的物质补贴和精神激励。物质补贴方面,如表4.1所示,这些年来,政策的导向一直非常明确:就是要切实提高班主任的待遇。1979年,《关于普通中学和小学班主任津贴试行办法(草案)》对班主任津贴发放的条件、标准、范围等细节作出详细的规定,具有很强的可操作性。在这一文件下发后,班主任津贴制就在全国开始试行。1988年,《小学班主任工作暂行规定(试行草案)》和《中学班主任工作的暂行规定》都提出要增加班主任津贴,于是,人事部、国家教委、财政部联合印发《关于提高中小学班主任津贴标准和建立中小学教师超课时酬金制度的实施办法》,对提升的标准和资金的来源进行补充说明。2006年，教育部印发的《关于进一步加强中小学班主任工作的意见》则直接提出将班主任工作计入工作量，也就是说，国家从物质支持的角度，再次肯定了"做班主任和授课一样都是中小学的主业"。2009年的《中小学班主任工作规定》则进一步细化了班主任工作如何计入工作量、班主任承担超课时工作量时如何处理等问题的解决方案，为政策落实提供了保证。

表4.1 历年有关班主任津贴的文件列表

发布时间	文件名	关于津贴的主要内容
1979年	《关于普通中学和小学班主任津贴试行办法（草案）》	班主任应履行《关于班主任工作的要求》和完成规定的教学工作量，符合此条件的，才能发给班主任津贴。 　　班主任津贴标准：原则上每个班（学生40人至50人）设班主任一人。根据现有学校布点、校舍条件不同，每个班学生人数有多有少，班主任工作量有大有小，班主任津贴应有所区别。津贴标准一般定为：中学每班学生人数在35人以下的发5元，36人至50人的，发6元，51人以上的发7元；小学每班学生人数在35人以下的发4元，36人至50人的，发5元，51人以上的发6元。每班人数在20人以下的，可酌情减发。 　　复式班的学生人数可按每个年级学生人数合并计算。 　　班主任从任命之月起，按月发给班主任津贴。免去班主任，应从不担任班主任的下月起停发津贴。

续表

发布时间	文件名	关于津贴的主要内容
1988年	《小学班主任工作暂行规定（试行草案）》	班主任任职期间，享受班主任津贴。各地可根据财力实际情况，适当提高国家原规定的津贴标准。民办教师享受与公办教师同等的班主任津贴。所需费用，可由乡人民政府列入教育事业费附加中计征，也可由各地通过其他方法筹措。
1988年	《中学班主任工作的暂行规定》	班主任任职期间一律享受班主任津贴（包括民办教师）。各地可根据实际情况，在国家拨发的班主任津贴基础上，适当增加津贴。
1988年	《关于提高中小学班主任津贴标准和建立中小学教师超课时酬金制度的实施办法》	中小学班主任津贴标准提高的幅度和教师超课时酬金的具体数额，均由各省、自治区、直辖市结合实际情况自行确定。 提高班主任津贴标准和建立超课时酬金制度所需经费，按单位的隶属关系，分别由中央和地方财政负担。
2006年	《关于进一步加强中小学班主任工作的意见》	要将班主任工作计入工作量，并提高班主任工作量的权重。各地要根据实际，努力改善班主任的待遇，完善津贴发放办法。
2009年	《中小学班主任工作规定》	班主任工作量按当地教师标准课时工作量的一半计入教师基本工作量。各地要合理安排班主任的课时工作量，确保班主任做好班级管理工作。 班主任津贴纳入绩效工资管理。在绩效工资分配中要向班主任倾斜。对于班主任承担超课时工作量的，以超课时补贴发放班主任津贴。

在精神激励方面，教育部主要开展了如下几个方面的工作：

1. 进行公开表彰

2004年，教育部在《关于学习贯彻〈中共中央、国务院关于进一步加强和改进未成年人思想道德建设的若干意见〉的实施意见》中明确指出，要大力表彰优秀班主任。2006年，教育部印发的《关于进一步加强中小学班主任工作的意见》也提出："各地教育行政部门和中小学校要将优秀班主任的表彰奖励纳入教师、教育工作者的表彰奖励体系之中，定期表彰优秀班主任。"对班主任进行专门表彰，能够在一定程度上鼓舞士气，增强教师对于这一岗位的认同。

2. 提供晋升平台

2006年的《关于进一步加强中小学班主任工作的意见》要求中小学校积极推荐优秀班主任加入党组织，并将优秀班主任列入学校党政后备干部培养范围。2009年的《中小学班主任工作规定》再次强调了这一点："选拔学校管理干部应优先考虑长期从事班主任工作的优秀班主任。"这种做法，一方面的确能够为学校选拔出优秀人才，因为班主任工作对教师的综合素质要求很高，能够胜任班主任工作者，能够胜任学校管理岗位的可能性很大。另一方面，也是更重要的一方面，因为没有专门的班主任职称评定，班主任如果想要得到进一步发展，进入学校管理队伍则是一个不错的选择。

3. 展开典型宣传

教育部在2004年的《关于学习贯彻〈中共中央、国务院关于进一步加强和改进未成年人思想道德建设的若干意见〉的实施意见》和2006年的《关于进一步加强中小学班主任工作的意见》中都提出，应该树立一批班主任先进典型，宣传他们的先进事迹。下文就是《中国教师报》对全国优秀班主任刘霄的事迹报道的节选。还有一些地方和学校建立了优秀班主任工作室，这不仅能够以更加真实、亲切的方式向其他教师宣传优秀班主任的事迹，而且能够促使优秀班主任与其他教师面对面地交流体会，传授经验，更好地发挥示范引领作用。

【案例】

全国优秀班主任刘霄的事迹（节选）

2005年初二下学期，班里转来一名个子不高，比班上大多数同学大两岁的孩子魏猛。来了才三天，他就开始逼迫同学给他接水、打饭、买东西，一副"老大"的模样，还恐吓学生说："不听我的话就揍你。"

有一天，我刚走进教室，王浩就朝我跑过来："老师，我受不了了……"话未说完，他就哽咽得说不出话来。原来，王浩是魏猛欺负的主要对象。魏猛每天都要王浩给他端洗脚水，不端就挨揍。

我一听非常生气，可我还是努力镇定下来，找来魏猛，和他心平气和地谈话。但交流的结果并不令人满意。我生气地问魏猛："你有什么资本让同学做你的奴隶？"话音未落，一个刺耳的声音传入我的耳膜："你他妈管不着！"教室里立刻鸦雀无声，空气像凝固了一般，学生都怔怔地看着我。

我心中五味杂陈，但更多的是愤怒。魏猛感觉不妙就迅速跑离教室。为防止意外发生，我让学生把他追回来，并暗中告诫自己：冷静，问清楚再说。为了调节心情、思考对策，我离开了教室。班委跟上来劝我说，这句话是魏猛的口头禅，让我别生气。我灵机一动，何不借机举行"远离不文明行为"的主题班会呢？

主题班会开始了，我说："听说魏猛骂人是一种习惯，对我并非有意。"魏猛看我没发火，心中的石头落了地。"但如果骂人成了习惯，就会非常可怕。这节班会我们讨论不文明语言产生的后果，并深入思考，寻找症结所在。"在班委的带动下，大家展开激烈讨论，有学生发表了精彩言论，有些学生则羞愧地低下了头。最后，我总结说："不止骂人，其他的不文明行为也一样，既影响了感情，又有损自己的形象。高素质的人才会赢得友谊、信任、钦佩和尊重，相信同学们会远离不文明行为的。魏猛同学，请你和团支书利用一周时间办一张主题为'远离不文明行为'的手抄报，说明不文明行为养成的原因、危害以及改正的方法。"魏猛使劲地点头表示赞同，一场风波就这样结束了。

第二周，我欣喜地发现，魏猛同学做的"远离不文明行为"手抄报图文并茂、内容生动。学生还决定把这些内容再细化，做成形式多样的手抄报，在校园里展示、解说。一场告别不文明行为的活动在更广泛的领域开始了。

（选编自刘霄《做有灵魂的教师》，《中国教师报》2013年2月27日）

我国现行的班主任制度源于苏联于20世纪30年代开始建立的班主任制[1]，在1952年被正式确立。回顾班主任这支德育队伍近七十年的发展，我们发现了以下几方面的成绩：

1. 实现了制度创新

随着教育改革的深化，学校和教师对传统的"一人班主任制"进行了创新，探索出全员班主任制、班级组制、班级教育小组制、班主任＋导师（德育导师）制等一系列新的模式[2]，并取得了不错的效果。这些学校根据自身实际，制定新的班主任工作方案，并不是因为他们认为班主任制度不合时宜了，而是他们试图在保留班主任岗位的前提下，尽可能地规避"一人班主任制"的不足，使得班主任角色的教育效能最大化。这种改革是继承基础上的改革，为班主任制带来了新的生机。

---

[1] 薛二勇，李廷洲. 我国中小学班主任制度的政策分析与建议［J］. 人民教育，2017（7）：32-35.
[2] 付辉. 中小学班主任制度变革的新进展与前瞻［J］. 教育学术月刊，2016（11）：20-26.

2. 凸显了教师权利

由于班主任负责班级生活的方方面面，承担的责任非常多，所以社会公众甚至是班主任自身，常常会认为班主任是一个不堪重负的角色。但就政策发展来看，不断更新的制度也在不断赋权给班主任，使得他们不但需要履行义务，而且能够行使权利。2009年的《中小学班主任工作规定》不仅在五大职责中单列了班主任的综合素质测评权，而且专门指出："班主任在日常教育教学管理中，有采取适当方式对学生进行批评教育的权利。"如今，学生权利意识的增长与社会舆论对学校的监督，使得许多班主任的教育行为受到束缚。对于班主任教育权利的强调，能够增加教师的信心，促使其在工作中发挥主体性、加强主动性。这不仅能够助力学生的成长，还能够助推班主任自己的职业发展。

3. 开启了专业化进程

2006年，《关于进一步加强中小学班主任工作的意见》第一次明确提出班主任岗位是一个专业性的岗位；同年，教育部正式启动实施"全国中小学班主任培训计划"。2009年，《中小学班主任工作规定》对任免班主任的条件进行了有针对性的规定。这些举措说明国家开始对班主任这一专业身份的内涵进行探索，并对班主任专业能力的提升给予支持。

同时，我们也需看到班主任专业化的程度仍然很不够。许多学者指出班主任工作存在职业无边界、发展无阶梯、职业无生涯的"三无"问题[1]，存在职业态度上的"不愿做""不会做""不宜做"的"三不"现象[2]，以及存在评价政策难以执行、班主任津贴标准过低等问题[3]。这

---

[1] 黄正平.我国班主任工作现状分析与对策建议[J].教育学术月刊，2010（3）：84-87.

[2] 黄正平.班主任专业化：应然取向与现实诉求——解读教育部《关于进一步加强和改进中小学班主任工作的意见》[J].人民教育，2006（19）：19-21.

[3] 薛二勇，李廷洲.我国中小学班主任制度的政策分析与建议[J].人民教育，2017（7）：32-35.

些问题的实质便是班主任专业化程度不高。专业一定是集中在某一领域内的，如果班主任工作仍然以目前这种毫无边界的、"全能"的方式展开，教师就始终不能聚焦到最需要用力之处，来提升自己的育人能力。事实上，如果说学校德育成效乃是不同岗位教师各司其职的结果，那么班主任所需要负责的并不是学生的全部学校生活，而是以班级这一特殊存在来发挥育人作用。班主任应该好好钻研的是班级这一组织的育人特性，以及自己在这一组织中的特殊角色。未来的制度应该在严肃认真的学术研究的基础上，确定班主任工作的专业范畴，使得班主任工作能够有的放矢。专业也一定是存在发展空间的。而且，越是专业性强的工作，发展空间越大。但是就现有的制度来看，班主任是一个无层级的岗位，也就是说，不同的班主任只存在带班时间长短的差异，并不存在专业地位上的差异，或者更准确而言，班主任的专业地位通常是由口碑确立的，而非专业标准确立的。设立专业标准，建立专业发展的阶梯，乃是班主任专业化的必经之路。否则无论提供多少培训，教师都缺乏内在的、长久的动力，因为他们在这个岗位上难以得到专业认可，也不能获得专业晋升——这种晋升不是由班主任工作转向学校管理层的晋升，而是指在班主任这一专业层面上的发展。最后，社会对于专业人员的尊重，往往能够在其薪酬上得到体现。如今，大部分地区的班主任津贴仍采用1988年的标准，但社会经济已发生巨大变化，如果不能相应提高班主任的待遇，势必影响教师投身班主任工作的热情。目前津贴的力度与班主任群体的主观期待存在较大差距，也与班主任实际的工作量不相匹配，难以彰显班主任身份的专业性。

【案例】

不忘成志初心，践行立德树人
——清华附小成志教育理念下的班主任队伍建设创新机制研究

清华附小以成志教育为办学使命，培养成志学生，成就成志教师。班主任作为学生日常思想道德教育和管理工作的主要实施者，是学生家长眼中的学校代表，甚至代表学校的全部，是实现学校办学使命的主力军，也是学校最具荣誉感的岗位。

清华附小通过《清华附小办学行动纲领》明确班主任的功能与定位；通过价值引领，激活班主任的育人追求；通过探索专业发展路径，形成内生发展机制（纵向贯通——构建"启程—知行—修远"成志班主任三进阶专业发展路径，横向联动——以风格班级建设为载体促成志班主任的专业成长，横纵整合——以"主题课程群"促成志班主任的整体育人素养提升）；通过创新和完善"过程数据＋关键事件＋榜样引领"的班主任评价方式使班主任获得持续性的专业成长，实现不忘成志初心，践行立德树人。

（选编自北京市第二届立德树人中小学德育成果特等奖作品《立德树人，成志共育——清华附小成志教育理念下的班主任队伍建设》）

第四节　兼职德育队伍

没有离开教育的教学，也没有离开教学的教育，这揭示出教师之教育行为的道德属性。教学乃是教师的行为，而教育则是这种行为的效果。换句话说，教师行为应产生教育效果，教育效果的实现也应借助教师行为。正是因为教师行为必然会在一定程度上对学生产生正向或负向的影响，所以从这个意义上而言，每位教师都肩负德育责任。事实上，在中国古代，教育即德育，经师亦应是人师。"专门德育工作者"乃是社会分工、学科分化的产物。由于学校中慢慢设置了德育学科的专职教学人员、咨询辅导员及专门的管理人员，所以一些不从事这类专门工作的人就产生了一种"非德育工作者"的职业认知。就中国具体的德育实践情境来看，由于有德育学科教师和班主任的存在，很多不做班主任的任课教师就会认为自己不属于德育队伍，可以"只管教学，不管德育"。

通过梳理各类德育重要政策可以发现，国家在建设专职德育队伍的同时，并未忽视兼职德育队伍的建设。1988年，《中共中央关于改革和加强中小学德育工作的通知》就明确指出："在学校教育中，要把'教书'和'育人'统一起来。要强调全体教师和职工都是德育工作者，都要在不同的岗位上担负起育人的职责。"1994年，《中共中央关于进一步加强和改进学校德育工作的若干意见》则从法律的高度来重申全员育人的重要性，提出："进一步发挥全体教职工的育人作用。教师最关键，要认真履行《教师法》规定的教书育人任务，言传身教，为人师表，引导学生德智体全面发展。"2017年，《关于加强和改进新形势下高校思想政治工作的意见》提出了"三全育人"（全员、全过程、全方位）的要求，从而"全员育人"从一般的文件规定上升为一种指导思想，成为指导学校德育实践的基本原则。经由几十年的发展，我国对兼职德育工作者队伍的认识不断深化。

1. 对"谁是兼职德育工作者"的认识不断深化

1988年的文件虽然强调全体教师和职工都是德育工作者，但是紧接着指出德育主体是班主任、思想品德课和政治课教师、共青团专职干部和少先队辅导员、学校党支部、校长。由此看出，学科教师并没有进入政策视野。但1993年的《小学德育纲要》则指出："各科教学是向学生进行思想品德教育最经常的途径。"1995年的《中学德育大纲》也在"加强德育工作队伍的建设"的部分，列出了"校长、教导（政教）主任、班主任、年级组长和各科教师"等各个德育主体。可见，在这两个纲要中，学科教师已被纳入学校德育队伍。2017年的《中小学德育工作指南》则全面地指出党组织书记、校长、德育干部、班主任、各科教师和少先队辅导员、中学团干部皆属于德育队伍。这样一来，除了专职德育人员以外的其他教职员工都被视为兼职德育工作者。

2. 对"兼职德育工作者如何开展德育实践"的认识不断深化

虽然认为兼职德育工作者与专职德育工作者皆是德育主体，但又给出了专职与兼职的区分，就说明这两类人在工作方式或德育内容分工上是有差别的。只有不同类别的德育主体发挥好自身在德育实践中的特殊角色，学校德育才能真正有效。事实上，我国已经对不同德育主体应该如何工作，进行了理论和实践上的探索。根据1995年的《中学德育大纲》，学科教师的德育使命乃是"结合各学科特点，寓德育于各科教学内容和教学过程之中"。在2014年教育部印发的《关于培育和践行社会主义核心价值观进一步加强中小学德育工作的意见》中，则有更详细的规定："引导各学科教师依据课程标准和学生实际情况，设计相应的教学活动，在传授知识和培养能力的同时，将积极的情感、端正的态度、正确的价值观自然融入课程教学全过程。"也就是说，学科教师在教学中实施德育，应该是"自然融入"的，而非"生硬插入"的，这就要求学科教师从认识上，由德育忽视走向德育自觉，[1]从能力上，通过主动学习而掌握德育的一般性理论知识和基本德育实务技巧。[2]

如表4.2所示，其他兼职德育主体的责任，亦在1995年的《中学德育大纲》中有详细规定。可以看到，教导（政教）处或德育工作指导小组承担了许多德育工作。可以说，德育干部虽然是兼职从事德育管理工作，但他们在学校德育实践中具有举足轻重的地位。党支部和校长主要扮演监督和引领的角色，而年级组则发挥统合与沟通的作用。教学主管部门和教研人员其实是学科德育的管理者，指导和督促学科教师履行好育人使命。

表4.2 《中学德育大纲》（1995年）对兼职德育队伍的职责规定

德育主体	主要职责
党支部	发挥政治核心和监督保证作用，支持和协助校长做好德育工作。
校长	加强对教导（政教）处或德育工作指导小组的领导，通过他们具体组织、指导本大纲的实施。

---

[1] 叶飞.从"德育忽视"走向"德育自觉"：学科教师的教育使命[J].教育导刊，2011（7）：15-17.

[2] 刘争先.学科德育与教师的德育能力[J].教育理论与实践，2015，35（25）：39-42.

续表

德育主体	主要职责
教导（政教）处或德育工作指导小组	调查分析学生的政治思想品德状况；制定贯彻实施本大纲的年度、学期计划和每月工作安排；确定各年级组、教研组、团、队、学生会及各职能部门为完成工作计划应承担的具体任务及分工；组织协调好校内外各德育途径之间的相互配合；建设好校内外的德育基地，总结交流经验；保证学校德育工作的顺利进行。
年级组	定期组织教师分析研究本年级学生的政治思想品德状况；制定实施本大纲的分年级要求；沟通信息，交流经验，开展年级性的教育活动，组织本年级教师共同完成本大纲的任务。
教学主管部门和教研人员	要深入教学领域，指导教学工作同德育工作有机结合。

3. 对"兼职德育队伍建设如何保障"的认识不断深化

制度保障是非常重要的，一些文件对于兼职德育队伍建设作出了制度上的要求。1993年，《小学德育纲要》提出："学校要把教书育人、管理育人、服务育人分别列入教职工岗位职责范围内，并作为评估教师工作、评聘教师职务、表彰奖励和晋级的重要依据之一。"将全员育人的精神融入教师评价体系，这就促使兼职德育工作者必须重视学生品德的发展。2004年，《中共中央、国务院关于进一步加强和改进未成年人思想道德建设的若干意见》也特别提出："教育行政部门和学校要制定和完善有关规章制度，调动全体教师的工作积极性与责任感，充分发挥广大教师在全面推进素质教育进程中的主力军作用。"这一文件明确教育行政部门和学校是建立全员育人制度的责任主体。专业发展的相关支持也是十分有力的保障。由于学科育人理念的普及和强化，一些地方政府也开始以政策的方式给予支持。如 2013 年，上海市教委印发《关于深入推进本市中小学学科育人工作的实施意见》，专门提出开展学科立德树人专题培训。文件对专题培训的落实主体（市教委、各区县教育主管部门、各级教研部门）、具体内容（课程德育的内涵、课程标准的解读、跨学科德育）以及开展方式（案例研讨、研训结合）等内容作出细致的要求，有很强的可操作性。这种为兼职德育队伍提供专业补给的探索十分有益，有利于唤醒他们的育人意识，提高他们的育人能力，最终提升学校的德育实效。

第五章

德育资源

　　德育资源特指在德育活动中可供利用并能对学生思想品德形成发展产生积极影响的教育因素。作为影响人德性发展的重要因素，德育资源广泛分布在我们的身边。但长期以来，受政治、经济、文化等多重因素的影响，德育资源的开发及利用并未得到充分的重视。直到20世纪末，德育资源才出现在国家政策文件中，成为德育研究的重点，获得广泛关注。

第一节 德育资源的发展

德育资源的发展，离不开德育资源的使用。德育资源的使用，自古有之，可以说是一种日用而不自知的常态性的、不自觉行为。但从国家层面看，自觉的、有意识的且动用全社会范围的积极因素推动德育工作开展的行为始于 20 世纪 90 年代。1994 年，《中共中央关于进一步加强和改进学校德育工作的若干意见》提出，"动员、组织、协调社会各方面力量支持学校做好德育工作"，德育资源的使用开始走进政府的视野，走上了自觉化的发展之路。自此，德育资源的选取、开发及利用变得有章可循，德育资源成为德育研究的重点之一，获得了广泛关注。

1. 国家高度重视发挥各种资源的教育作用

概括起来讲，这些资源主要是优秀传统文化、人民群众、社会氛围、各种文化形式以及最为重要的党的力量，等等。譬如，1997 年，李岚清在第六次全国高校党的建设工作会议和全国中小学德育工作会议上强调指出，要重视利用特有的革命传统和五千年优秀传统文化、传统道德的德育资源对青少年进行教育，把实现德育总目标与继承中华民族优良传统结合起来，把中华民族优良道德传统和在人民革命、社会主义建设实践中形成的革命传统结合起来，赋予其新的时代内容。[1]2000年，江泽民在中央思想政治工作会议上提出："人民群众中蕴藏着丰富而实际的教育资源，要注意引导群众自己教育自己。对群众在实践中形成和表现出来的好思想、好品德，对基层创造的新鲜经验和好的做法，要及时总结推广。"[2]2005年，胡锦涛在省部级主要领导干部提高构建社会主义和谐社会能力专题研讨班上讲话指出："要积极实施公民道德建设工程，广泛开展社会公德、职业道德、家庭美德教育，在全社会倡导爱国守法、明礼诚信、团结友善、勤俭自强、敬业奉献的基本道德规范，培养良好道德品质和文明风尚。要大力倡导以文明礼貌、助人为乐、爱护公物、保护环境、遵纪守法为主要内容的社会公德，大力倡导以尊老爱幼、男女平等、夫妻和睦、勤俭持家、邻里团结为主要内容的家庭美德，提倡尊重人、理解人、关心人，热爱集体，热心公益、扶贫帮困，在全社会形成团结互助、平等友爱、共同前进的社会氛围和人际关系。"[3]2014年2月，习近平在十八届中共中央政治局第十三次集体学习时强调："要润物细无声，运用各类文化形式，生动具体地表现社会主义核心价值观，用高质量高水平的作品形象地告诉人们什么是真善美，什么是假恶丑，什么是值得肯定和赞扬的，什么是必须反对和否定的。"[4]2019年3月，习近平在北京主持召开学校思想政治理论课教师座谈会并发表重要讲话。习近平指出："中华民族几千年来形成了博大精深的优秀传统文化，我们党带领人民在革命、建设、改革过程中锻造的革命文化和社会主义先进文化，为思政课建设提供了深厚力量。"

---

[1] 鲍东明，吴芳和.进一步加强党的建设、思想政治工作和德育工作，促进青少年学生健康成长[N].中国教育报，1997-06-12（1）.

[2] 江泽民.江泽民文选：第三卷[M].北京：人民出版社，2006：93-94.

[3] 胡锦涛.胡锦涛文选：第二卷[M].北京：人民出版社，2016：290-291.

[4] 把培育和弘扬社会主义核心价值观 作为凝魂聚气强基固本的基础工程[N].人民日报，2014-02-26（1）.

习近平要求"要建立党委统一领导、党政齐抓共管、有关部门各负其责、全社会协同配合的工作格局,推动形成全党全社会努力办好思政课、教师认真讲好思政课、学生积极学好思政课的良好氛围"。[1]

2. 国家政策明确规定具有教育作用的校内外资源

一方面,这些规定出现在全口径的国家文明建设方面的政策文件中。如,2001年,《公民道德建设实施纲要》明确指出:"要积极开发优秀民族道德教育资源,利用各种爱国主义教育基地,进行历史和革命传统教育。"同时《纲要》还指出:"各种重要节日、纪念日,蕴藏着宝贵的道德教育资源。"这充分说明,道德教育资源的开发和利用不仅已被正式提到议事日程[2],而且还有了具体的要求。2011年7月,《中国儿童发展纲要(2011—2020年)》提出,要"加强和改进学校思想道德教育","充分发挥共青团和少先队在学校德育工作中的作用"。

另一方面,相关规定集中在教育重大政策文件中。如,2001年,《基础教育课程改革纲要(试行)》明确提出:"积极开发并合理利用校内外各种课程资源。学校应充分发挥图书馆、实验室、专用教室及各类教学设施和实践基地的作用;广泛利用校外的图书馆、博物馆、展览馆、科技馆、工厂、农村、部队和科研院所等各种社会资源以及丰富的自然资源;积极利用并开发信息化课程资源。"2014年4月,《关于培育和践行社会主义核心价值观进一步加强中小学德育工作的意见》提出:"要广泛利用博物馆、美术馆、科技馆等社会资源,充分发挥各类社会实践基地、青少年活动中心(宫、家、站)等校外活动场所的作用,组织学生定期开展参观体验、专题调查、研学旅行、红色旅游等活动。""要利用升国旗、入党入团入

---

[1] 张烁.用新时代中国特色社会主义思想铸魂育人 贯彻党的教育方针落实立德树人根本任务[N]. 人民日报,2019-03-19(1).

[2] 李春秋,张君,高雅珍.公民道德建设通论[M].青岛:青岛出版社,2002:8.

队等仪式和重大纪念日、民族传统节日等契机，开展主题教育活动，传播主流价值。"同年 11 月，中共教育部党组、共青团中央印发《关于在各级各类学校推动培育和践行社会主义核心价值观长效机制建设的意见》，强调："促进政府、学校、企业、社会等按照'目标共同、机制共建、资源共享、责任共担'原则建立实践育人共同体，整合各方资源、发挥集聚效应、推进深度融合，实现实践育人规范化管理、常态化服务、品牌化培育、项目化配置、信息化支撑、社会化运作。通过共同体建设，为学生实践搭建平台，提升学生创新实践能力，深化学生对社会主义核心价值观的理解和认识。"

3. 大范围出现的专门的德育政策文件，让社会资源变成了德育资源

1994 年，中共中央印发的《爱国主义教育实施纲要》就明确指出："爱国主义教育的素材非常广泛。从历史到现实，从物质文明到精神文明，从自然风光到物产资源，社会生活的各个领域都蕴藏着极为丰富的进行爱国主义教育的瑰宝。要善于运用国情资料，并注意挖掘和利用各种宝贵的教育资源，不断丰富爱国主义教育的内容。"同时《纲要》还指出："要进行中华民族优秀传统文化教育……这笔丰厚的文化遗产是进行爱国主义教育的宝贵资源。" 2004 年，《中共中央、国务院关于进一步加强和改进未成年人思想道德建设的若干意见》指出："加快中小学思想品德、思想政治课的改进和建设，充分利用和整合各种德育资源，深入研究中小学生思想品德形成的规律和特点，把爱国主义教育、革命传统教育、中华传统美德教育和民主法制教育有机统一于教材之中，并保证占有适当分量，努力构建适应 21 世纪发展需要的中小学德育课程体系。"随后，为深入贯彻《中共中央、国务院关于进一步加强和改进未成年人思想道德建设的若干意见》，中宣部等十单位又专门印发了《关于加强和改进爱国主义教育基地工作的意见》，强调充分发挥各类爱国主义教育基地对广大人民群众特别是青少年的教育作用。2011年5月，教育部印发《关于联合相关部委利用社会资源开展中小学社会实践的通知》，要求构建开展中小学社会实践的工作机制，分批建立各种类型的全国中小学生社会实践基地。2016年，教育部等十一部门出台《关于推进中小学生研学旅行的意见》，提出把研学旅行纳入中小学教育教学计划，加强研学旅行基地建设。2017年8月17日，教育部印发的《中小学德育工作指南》指出德育资源主要来自课程、文化、活动、实践、管理、家庭，分别提出了课程育人、文化育人、活动育人、实践育人、管理育人和协同育人等实施路径，为德育资源的有效利用提供了方法指导。

综上所述，一系列德育资源相关文件的出台，规范了德育资源的有效利用路径，拓展了德育资源的范围，促进了德育资源的开发和利用。

第二节 德育资源的分类

德育资源非常丰富，普遍存在于人们的日常生活之中，普遍存在于学校的教育教学之中。在此我们从资源存在的空间角度，将德育资源划分为学校德育资源、社会德育资源和家庭德育资源。且基于前文所讨论的，每个空间的德育资源都将聚焦于狭义的概念来分析。

一、学校德育资源

在学校这个共同空间里，德育资源非常多。学校自古以来就是以文化人的主要的专门场所，是一个有文化的地方。所以，学校最大的德育资源就是文化资源。

文化资源是德育的内容和源泉，也是学校的灵魂和生命，具有弥漫性和持久性等特点。2006年4月27日，教育部印发《关于大力加强中小学校园文化建设的通知》，指出："以社会主义荣辱观为导向，以中小学生为主体，以建设优良的校风、教风、学风为核心，以优化、美化校园文化环境为重点，以丰富多彩、积极向上的校园文化活动为载体，推动形成厚重的校园文化积淀和清新的校园文明风尚。"2017年，《中小学德育工作指南》提出文化育人，要"优化校园环境"，"营造文化氛围"，"建设班级文化"，"建设网络文化"。以教师和榜样的人格育人，以民主的制度管理育人。学校的文化资源主要分为学校物质文化、制度文化、精神文化和网络文化等方面。其中，校园环境、学习风气、规章制度等影响着学校文化的培育和发展。

1. 学校物质文化

在校园文化建设方面，《中小学德育工作指南》强调："要依据学校办学理念，结合文明校园创建活动，因地制宜开展校园文化建设，使校园秩序良好、环境优美，校园文化积极向上、格调高雅，提高校园文明水平，让校园处处成为育人场所。"具体来看，可以从优化校园环境出发，将校园建筑、设施、布置、景色看成可利用德育资源，力求校园内的一草一木、一砖一石都能起到教育引导和熏陶的作用。《中小学德育工作指南》还指出了大量具体的文化德育资源。例如，升旗台、共青团活动室、少先队活动室、校史陈列室、图书馆（室）、广播室和学校标志性景观都是进行德育的载体和阵地。

物质文化是承载学校办学理念的物质载体，是最感人、最形象、最生动的文化育人要素。如何科学设计校园景观文化、视觉文化，使其担负起文化育人的功能，的确需要别具匠心的论证与设计。北京市朝阳师范学校附属小学的校园环境文化设计有品位、有内涵，其育人特色功能显著，很值得推广。案例如下：

【案例】

为了在校园环境上体现出文化内涵，北京市朝阳师范学校附属小学把传统文化的一些要素进行了组合，形成了标志性景观——悦文广场：以汉字笔画元素、文房四宝、标点为主要造型，汉字的点、横、竖、撇、捺寓意学校以语文基础教育见长，并教育学生从学写一笔一画开始，到会写一个字、一句话、一段话、一篇文章，从基础抓起，积累巩固，日日精进，学有所得。

（选编自孙昕《一所学校的"文化高地"理想——记北京市朝阳师范附属小学的学校文化建设》，《中国教师》2019年第12期）

2. 学校制度文化

在学校生活中，学生时刻处在制度管理中。"制度与道德是紧密联系在一起的，每一种制度都有一种道德价值观在起作用，每一种制度都有自己的德性。"[1] "学校要培养公正的人，那么学校管理制度首先就要体现公正精神；学校要培养诚信的人，那么学校在管理过程中就要避免出现不诚信的行为；学校要培养友善的人，那么学校管理制度也应体现人文关怀。"[2] 学校制度文化的形成主要体现在学校各种各样的制度制定和执行中。学校制度按其规范和调整的对象可以分为学校主体行为制度（包括教师职业道德、学生守则、学生日常行为规范等）、学校工作制度（包括工作规程、班主任职责规范、共青团及少先队组织工作规范）、学校内容制度（包括教学大纲、课程标准以及各项德育相关的具体规范，如《爱国主义教育实施纲要》等）、学校评估制度（包括对学校的评估制度、对教师的评估制度和对学生的评估制度）、学校管理制度（指划分管理的权限和职责，以保证各项工作顺利展开的制度规定）等等。

【案例】

在《北京市陈经纶中学全员德育制度》中，一项重要的内容是科学界

---

[1] 胡金木，王云.校规的制度德性审视[J].中国教育学刊，2007（10）：45-48.
[2] 教育部基础教育司.中小学德育工作指南实施手册[M].北京：教育科学出版社，2017：169.

定学校全员德育的要求。学科教师是全员德育的主体，教师要在学科教学中落实情感态度和价值观目标，做到"我教我管我负责"；教师要积极参与学校和班级的集体活动，对学生中的不良现象进行提醒、教育和反馈；班主任是全员德育的骨干力量，要加强班集体和班风建设，要支撑学科教师和其他教育主体，要指导和支持家长做好学生教育工作；后勤员工是全员德育的重要力量，优质的服务、友善的提醒、及时的沟通和榜样的示范是后勤员工主要的德育手段；教育教学管理干部和专业管理人员是全员德育的领导者和实施者，要做全员德育的引领者和楷模；教育教学管理人员要承担管理育人和服务育人的职责，把提高管理效率和服务意识作为全员德育的重点。

（选编自朱洪秋《全员德育见实效，师德师风上水平——来自北京市陈经纶中学的经验》，《中国德育》2010年第4期）

3. 学校精神文化

学校精神文化主要体现在校徽、校训、校规、校歌、校旗以及学校的办学理念中，校服、校报、班名、班训、班歌、班徽、班级口号等也都是学校精神文化的具体体现。北京师范大学顾明远教授认为："校训是学校文化建设的重要内容，是凝聚了学校的办学宗旨、办学理念、校风学风的精神提炼出来的。"[1]早在1995年，《中学德育大纲》就明确指出，学校"要充分发挥校歌、校训和校风对学生的激励和约束作用"。一所学校的精神文化，反映了广大师生共同的价值追求和行为规范，具备德育的功能和条件，是一种重要的德育资源。

---

[1] 顾明远.校训关键在实践[N].光明日报，2005-06-29（6）.

【案例】

　　重庆市忠县石宝中学始建于 1937 年，是一所历史悠久、文化成熟的学校，其文化建设先进科学，打造的育人资源丰富多样，成为全国学校文化育人的典范之一。该校在精神文化建设上因地制宜、立足校情、特色鲜明、理念先进，很值得全国中小学借鉴。石宝中学的文化建设思路是：从校名解读入手，以学校办学理念——"石心孕玉·天成至宝"为灵魂，统摄学校的校训、校风、教风与学生，四者浑然一体，承载着学校育人的精神内涵与方向期待，阐明了学校办学的精神与宗旨。

　　（选编自吴宗权《丰富学校文化　提升育人品位》，《教书育人》2018 年第 26 期）

4. 学校网络文化

　　学校网络德育资源也是十分丰富的。学校可利用校园网站、论坛、信箱、微信群、QQ 群等网上宣传交流平台，通过网络开展主题班(队)会、冬(夏)令营、家校互动等活动，引导学生合理使用网络，避免沉溺网络游戏，从而远离有害信息，防止网络沉迷和伤害，提升网络素养，进而打造清朗的校园网络文化。同时，网络在德育实践中的介入，也形成了以多媒体资源为依托的新的德育教学形态。有研究者提出，依托多媒体的新德育教学形态具有以下特征：第一，图文并茂。即借助网络技术对课程文本、图像、动画及相关音频进行加工处理，以网络辅助课件与多维度德育模块设计来拓展德育资源的实效性和生动性，增强德育工作的感染力和吸引力。第二，动态教育，扩充容量。因部分德育教学知识具有抽象性、联结性等特点，所以需要多媒体技术对相关内容进行分类简化与信息综合，以促进参与主体对重难点知识的深层次认知，更好地教育引导学生与时俱进地吸收和践行相关德育规范和要求。第三，交互合作。多媒体信息平台通过建构特定学习情境，促使学生重新审视所学内容，以资源的共享性与学习过程的交互性来最大限度地发挥"多媒体资源-德育教学"的协同发展效益。[1]

【资料】

校园网站对于教师的培训作用深入而多元，而展现的学生生活更是丰富多彩。一些专题栏目为记录孩子成长搭建平台："班级小明星"栏目，每周一评，节节攀升的点击率是对学生最大的鼓舞和奖励，学校、家庭、社会的共同关注，是孩子表现优秀自信成长的源泉；"特色班队活动"栏目，展现班主任老师的爱和学生的健康气息；"国旗下讲话"栏目，爱国励志的文化导向清晰明了……校园绚丽的文化活动也在校园动态栏目中及时呈现，校园网站成为学校与家庭、师生与生生之间相互传递信息、相互赏识的一扇窗。

（选编自徐幸操《网络时代的校园文化建设研究——解析"砂子塘小学校园文化网站"》，《教育信息技术》2013年第5期）

二、社会德育资源

社会德育资源，即社会领域存在的德育工作可利用的资源，是有别于学校和家庭的德育资源。社会领域德育资源一般是全社会所有人共有共享的，按教育或者德育可利用的便利性、普遍性和重要性，我们主要聚焦于以下几个大类进行介绍。

---

[1] 张慧民，周秀娟.大数据时代德育资源一体化建设路径［J］.中学政治教学参考（下旬），2019（3）：24-25.

1. 基地资源

2000年6月3日,《中共中央办公厅、国务院办公厅关于加强青少年学生活动场所建设和管理工作的通知》指出:"爱国主义教育基地""青少年科技教育基地""德育基地"等场馆、设施,要低费或积极创造条件免费向青少年学生开放。全国各级革命博物馆、纪念馆、陈列馆、展览馆、革命烈士陵园等单位,对中小学校师生有组织的参观活动实行免费,对普通高等学校师生有组织的参观活动可实行免费或半价优惠。地方各级党委和人民政府,中央和国家机关各有关部门要制定具体政策、措施,对上述活动予以保障。文件还指出:各类博物馆、纪念馆、科技馆、文化馆(站)、体育场(馆)、影剧院、工人文化宫(俱乐部)等公共文化设施和企事业单位、社会团体所属的文化体育设施及校外教育设施,必须坚持公益性原则,增加向青少年学生开放的时间,节假日免费或低费向青少年学生开放。各级各类学校要配合社区教育活动,与所在社区的青少年活动场所建立密切联系,积极创造条件丰富青少年学生的校外文娱、体育、科技活动。

2011年5月5日,教育部印发《关于联合相关部委利用社会资源开展中小学社会实践的通知》。文件指出:"探索建立利用社会资源开展中小学社会实践的机制,在总结各地经验的基础上,教育部将联合相关部委建立主题教育社会实践基地,推动中小学开展社会实践。"同时,"教育部将和中央相关部委挖掘课程和社会两个资源,牵动学校和社会两个力量,分别建立可开展某一类专题教育的社会实践基地。主要在公共机构、公共设施、国有企事业单位等建设中华传统文化教育、革命传统教育、法制教育、科学技术教育、文化艺术教育、国防教育、保护环境和节约能源资源教育、安全健康教育以及经济建设和社会发展等多方面专题教育的社会实践基地"。

根据2017年发布的《中小学德育工作指南》,学校要充分挖掘社会德育资源，建立广泛的社会德育渠道。《中小学德育工作指南》详细列出了德育实践活动资源。例如，在主题实践方面，可以利用爱国主义教育基地、公益性文化设施、公共机构、企事业单位、各类校外活动场所、专题教育社会实践基地等资源；在传统文化教育方面，可以利用历史博物馆、文物展览馆、物质和非物质文化遗产地等；在革命传统教育方面，可以利用革命纪念地、烈士陵园（墓）等；在法治教育方面，可以利用法院、检察院、公安机关等；在文化艺术教育方面，可以利用展览馆、美术馆、音乐厅等；在科普教育方面，可以利用科技类馆室、科研机构、高新技术企业设施等；在国防教育方面，可以利用军事博物馆、国防设施等；在环境保护方面，可以利用环境保护和节约能源展览馆、污水处理企业等；在安全教育方面，可以利用交通队、消防队、地震台等。

随着德育实践基地的纷纷建立，研学旅行正逐渐成为中小学生参与社会实践的主流方式。《中小学德育工作指南》还指出，学校应当"组织研学旅行。把研学旅行纳入学校教育教学计划，促进研学旅行与学校课程、德育体验、实践锻炼有机融合，利用好研学实践基地，有针对性地开展自然类、历史类、地理类、科技类、人文类、体验类等多种类型的研学旅行活动"。

【案例】

江苏建筑职业技术学院以"三化行动"为抓手培育时代新人

江苏建筑职业技术学院把立德树人作为教育中心环节，把思想政治工作贯穿人才培养全过程，以体系化、协同化、特色化为抓手，坚持价值塑造、能力培养、知识传授"三位一体"，努力培养担当民族复兴大任的时代新人。

江苏建筑职业技术学院通过推动社会优质资源向育人汇聚，开展"特色化"实践育人。学院立足区域特色丰富育人内容，探索推进"开门办思政"，将社会实践作为思想政治教育重要环节，与徐州市淮塔管理局共建"爱国主义与革命文化教育实践基地"，与徐州市泉山区翟山街道、贾汪区马庄村等共建"马克思主义大众化学习实践基地"，在政策理论共学、基层党建共联、理论培训基地共用、实践教学基地共建等方面开展全方位合作，实现社会优质资源共建共享。

（选编自教育部高校思想政治工作简报2020年第2期，总第189期）

2. 地域资源

地域德育资源是指某一地域存在的可资利用的一切德育内容。正所谓"十里不同俗，百里不同风"，每个地区的自然条件、人文地理、风俗民情、历史渊源都不同，可开发利用的德育课程资源也就不一样。中华大地各处都有丰富的地域德育资源。

就地域资源，我们可以将其大致分为四类：

一是名胜古迹。譬如，陕西有被誉为"世界第八大奇迹"的秦始皇陵兵马俑，河南有嵩山少林寺，广东有林则徐销烟池旧址，北京有当今世界上现存规模最大、建筑最雄伟、保存最完整的古代宫殿和古建筑群——故宫，甘肃有敦煌莫高窟，等等。

二是地理优势。譬如，湖北有辛亥革命武昌起义纪念馆，广东有黄埔军校旧址纪念馆，上海有外国租界遗址，四川有保路运动史事陈列馆，等等。江西的井冈山、陕北的延安、河北的西柏坡、湖南韶山的毛泽东故居等都具地理区位优势。

三是民间艺术。譬如，浙江浓郁的乡土风情孕育了绚丽多姿的民间艺术。龙舞、狮舞、竹马、高跷、灯会遍及城乡，山歌、田歌、渔歌、民间器乐种类繁多；"三雕一塑"——东阳木雕、青田石雕、乐清黄杨木雕和"瓯塑"蜚声中外；剪纸、刺绣、染织、编织和灯彩丰富多彩；

嘉兴秀洲、宁波慈溪的农民画和舟山的渔民画充满了生活劳作气息。浙江民间的舞蹈、音乐、器乐、戏曲、曲艺独具特色，群众文化的众多领域在全国颇有影响。

四是美食文化。中国饮食文化绵延久矣，分为生食、熟食、自然烹饪、科学烹饪四个发展阶段。全国传统饮食以及各地风味小吃浩如烟海，数不胜数，中国素有"烹饪王国"的美誉。中国的饮食文化已成为世界美食的宝库，更是与生活密切相关、必不可少的德育资源。

有学者提出，地域资源具有针对性、实践性、开放性、直观性、亲和性、高效性等特点。这些特点表明，它是一种优质的教育资源，可以有效提高德育的实效性。[1]在我们看来，它至少具有以下优势：①独特性。每个地方都有其区域特征，由此形成的地域资源必然有其独特性。利用地域资源开展的德育工作，必然有其鲜明的特色。因此，依托地域资源开展德育工作，这在主张学校德育特色化发展的今天，非常有优势。②真实性。地域德育资源是真实存在的，而且就在身边，最密切联系学生的日常生活。学生对地域德育资源具有一定的了解，它的客观存在性和真实性令人信服，不容置疑。③便利性。地域资源在德育活动中的有效使用，也得益于它的便利性和可亲近性，因为地域资源是存在于身边的，学校易于获得，学生易于理解，可以实现意想不到的德育效果。譬如地方和学校利用区域特色德育资源，可以很好地引导学生了解家乡的历史文化，培养其热爱家乡的情感，进而为培养学生的爱国情、报国志打下坚实的基础。因此，有效地开发和利用地域资源，在实践中探索提高德育的针对性和实效性，是学校德育必须要攻克的一个重要课题。

---

[1] 马全江.论地方德育资源的特征——兼论提高思想政治理论课的实效性[J].教育探索，2014（7）：106-108.

依据《中小学德育工作指南》，地方自然地理特点、民族特色、传统文化、重大历史事件以及历史名人等都是重要的德育资源，地方和学校德育课程可以引导学生了解家乡的历史文化、自然环境、人口状况和发展成就，培养学生爱家乡、爱祖国的感情，树立维护祖国统一、加强民族团结的意识。在具体的实施中，学校可以专题教育的形式，让学生在法治教育、廉洁教育、反邪教教育、文明礼仪教育、环境教育、心理健康教育、劳动教育、毒品预防教育、影视教育等专题教育中收获德育知识，规范德育行为。

【案例】

"大眼睛"系列课程之"小脚丫走北京"

中关村第四小学的"大眼睛"系列课程之"小脚丫走北京"课程的开设始于2009年，其前身是德育社会实践活动。在活动发展过程中，其逐渐从简单的社会实践、春秋游等活动走向校本德育课程，课程结构也不断完善，形成了较为系统的教育性实践。"大眼睛"游学课程包括资源开发、目标统整、内容设计与实施、评价等环节。"大眼睛"游学课程的目标分为"行为品质"目标和"学习能力"目标两个方面，与学校的培养目标相契合。"大眼睛"游学课程历经多年的充实发展，形成了相对完善的课程体系。课程在设计上紧密结合北京人文、历史和文化特点，努力突出实践性、探究性和综合性。

（选编自赵彦《做德育工作的践行者》，教育部网站）

3. 节庆资源

"中国传统节庆文化中的德育资源在整个德育资源中的地位是非常重要的。传统节庆文化从来都是一种货真价实、平易近人的世俗文化。它所包含的节庆语言、用具、饮食、礼仪规则及情感等物质、精神、行为文化这三个层面中，蕴藏着丰富的德育资源。这些德育资源已经深深地融入了传统节庆文化之中，融入了三教九流的日常生活之中，在芸芸众生的头脑中打下了深刻的烙印，因此它们在整个德育资源中有着十分重要的地位，起着非常重要的作用。"[1]我国有丰富多彩的传统文化节日和节庆日活动，每一个传统节日都有它的历史渊源、美妙传说、经典诗文、独特情趣。学校可以利用中国传统的春节、元宵节、清明、端午、中秋、重阳等节日开展传统民俗和传统伦理教育；利用植树节、妇女节、劳动节、青年节、儿童节等开展爱党、爱国、爱劳动和励志教育；利用国家的一些重大节日，如"七一"建党纪念日、"八一"建军节、国庆节、"九三"抗战胜利纪念日、国家公祭日等开展爱党、爱国和革命传统教育；利用世界性节日，如世界地球日、世界知识产权日、世界卫生日、世界无烟日、国际禁毒日、国际志愿者日等开展相应的专题教育。[2]

【案例】

社火民俗文化中德育资源的开发和利用研究

在教学中应该积极主动地开放课堂教学，走向社会，利用本地春节社火民俗文化资源和潜在的道德教育来丰富课堂教学，进行传统文化教育，提升学生的道德品质修养，更好地落实课程改革的三维目标。利用社火民俗文化平台，强化德育资源渗透，加强传统文化教育；巧用社火民俗文化艺术，加深校本课程教研，实现知识目标；挖掘社火民俗文化资源，加强学生道德教育，树立正确人生观。

（选编自魏吉林、彭秀萍《社火民俗文化中德育资源的开发和利用研究》，《甘

---

[1] 李黎.中国传统节庆文化中的德育资源解析[J].湖北经济学院学报（人文社会科学版），2013（7）：98-99.

[2] 冯建军.让德育工作真正落到实处[J].基础教育参考，2017（19）：10-11.

肃教育》2019年第14期）

4. 时政资源

根据有关研究，德育中的时政资源可定义为：在一定单位时效内，发生在国内外经济、政治、文化、生态、社会等各个领域的能对学生造成重要影响，与德育课程教学内容相关，与学生身心发展规律相契合，并对学生思想品德产生积极作用的信息集合。[1]

①时政资源的分类。按领域划分，它可以分为经济型、政治型、文化型和复合型时政资源；按地域划分，它可以分为国内时政资源、国外时政资源、国际时政资源三大类；按呈现的形式划分，它可以分为文字型、图表型、图片型、音频型、视频性等多种类型。

②时政资源的价值。有研究认为，时政资源是道德与法治课程的必然内容，也是进行道德与法治课程教学的有效资源。[2]

【案例】

讲好疫情这本爱国主义教科书

教育部明确要求要将抗击疫情与爱国主义教育贯通起来，如何贯通，如何讲好疫情这本爱国主义教科书，需要从以下四个方面着力：①因势而新，把握教学内容阶段重点。与时俱进是马克思主义的理论品格，也是思政课的鲜明特征。讲好疫情这本爱国主义教科书，思政课应随"疫"因时而进、因势而新，把握教学内容阶段重点。②因课制宜，彰显教学课程学科性质。思想政治理论课不是单纯的一门课，而是一个课程群。就本科课

---

[1] 唐碧琴. 道德与法治课程教学中时政资源运用研究［D］. 长沙：湖南师范大学，2019：7.
[2] 同［1］10-11.

程设置而言，思想政治理论课包括马克思主义基本原理概论、毛泽东思想和中国特色社会主义理论体系概论、中国近现代史纲要和思想道德修养与法律基础四门课程，它们共同成为高校实施爱国主义教育的主阵地、主渠道。但基于学科性质，四门课在讲授统一教学内容时应各有侧重。③因人而异，实现教学方法多样创新。作为一门高校公共必修课，思政课授课对象涉及不同学校不同层次不同专业的所有学生。授课对象的复杂性和能动性，要求思政课坚持"统一性与多样性相结合"。在统一性的指导下，讲好疫情这本爱国主义教科书，更应重视学生专业气质、知识背景、思维方式，因人而异，因材施教，实现教学方法多样创新。④因校定案，丰富教学组织实施策略。爱国主义教育是学校教育的基本内容之一，学校是实施爱国主义教育的主要场所。讲好疫情这本爱国主义教科书，高校思政课理应结合学校实际，充分利用学校资源，汇聚学校力量，因校定案，开展形式多样、内涵丰富的教育教学活动。

（选编自吴涯《讲好疫情这本爱国主义教科书》，光明网）

三、家庭德育资源

家庭是中小学生的第一个课堂，父母是孩子的第一任教师。近年来，家庭教育日益受到社会各界重视，特别是习近平总书记的系列论述，深刻地指出了家庭在人一生成长中的重要作用，家教在人一生教育中的重要作用。

教育部2017年印发的《中小学德育工作指南》指出："要积极争取家庭、社会共同参与和支持学校德育工作，引导家长注重家庭、注重家教、注重家风，营造积极向上的良好社会氛围。""要建立健全家庭教育工作机制，统筹家长委员会、家长学校、家长会、家访、家长开放日、家长接待日等各种家校沟通渠道，丰富学校指导服务内容，及时了解、沟通和反馈学生思想状况和行为表现，认真听取家长对学校的意见和建议，促进家长了解学校办学理念、教育教学改进措施，帮助家长提高家教水平。"只有家庭参与学校办学，实现家校共育，才能使学生养成的良好品德得到巩固和发展。

2019年，全国妇联、教育部等九部门发布《全国家庭教育指导大纲（修订）》，切实贯彻了"家庭教育最重要的是品德教育"这一重要理念，在每个年龄段循序渐进地增加了家庭道德教育相关内容，以期给予科学指导。这一文件明确："家庭教育要从养成良好习惯开始，逐步培育儿童正确的价值观，培养儿童热爱党、热爱祖国、热爱人民、热爱中华民族，明礼诚信、勤奋自立、友善助人、孝亲敬老等良好思想品德，增强儿童法律意识和社会责任感，使儿童养成好思想、好品德、好习惯、好人格，培养儿童与他人、与社会、与自然和谐相处的能力。"同时，也有研究指出，家庭教育是立德树人的基础与关键，家庭教育的第一任务是做人教育和人格教育。将家庭教育与立德树人相结合，找到了私人领域与公共道德的结合点，明确了家庭教育与立德树人的联系：家庭教育是方式和途径，立德树人是目的和内容。[1]

1. 家长是家庭德育的第一资源

2016年12月12日，习近平总书记在会见第一届全国文明家庭代表时指出："家庭是人生的第一个课堂，父母是孩子的第一任老师。家庭教育涉及很多方面，但最重要的是品德教育，是如何做人的教育。"[2]家庭教育的德育资源需要得到充分发挥，首先，家长必须要提升自身素养和能力，履行家长的职责，以良好的行为，为孩子做出表率。父母要成为孩子

---

[1] 傅国亮.中小学家庭教育立德树人的理论与实践探索[J].教育科学研究，2019（3）：94-96.
[2] 动员社会各界广泛参与家庭文明建设　推动形成社会主义家庭文明新风尚[N].人民日报，2016-12-13（1）.

学习的榜样。孝敬长辈、夫妻恩爱、邻里和睦等，这些都能成为孩子学习的内容。其次，家长要配合学校德育工作，让孩子独立自主，给他们做家务、整理学具的机会，将学校倡导的优良品质践行和落实下去，让孩子从生活中强化对德育知识的认识。孩子进入学校，不代表家庭教育可以缺失。家庭仍然在孩子的发展中起到了不可代替的作用。而学校所倡导的科学理念，也同样需要家长在生活中不断强化。同时，中小学要建立健全家庭教育工作机制，统筹家长委员会、家长学校、家长会、家访、家长开放日和家长接待日等各种家校沟通渠道，发挥学校对家庭教育的指导作用，保持家庭教育与学校教育的协调一致。

2. 家训家风是家庭德育资源的主要组成部分

家风家训是我国传统德育资源中的文化遗产，是我国古代人们在家庭教育中的各种实践经验和教育成果。目前，我国流传下来的家训有很多种，如《训子言》《家范》《家教》《诫子书》等。虽然这些家训在语言表述上有所不同，但是表达的内容都是相似的。现代家庭，一方面要充分发掘、研究我国传统家训中德育资源的精华内容，有效提高家庭德育的质量，在孩子成长过程中打下坚实的德育基础。另一方面，家长也要言传身教，用自身的行为将自家的家训潜移默化地传授给孩子，将德育融入日常生活，教导孩子要礼貌待人，在待人接物中要做到宽厚有礼，形成自家独特的、优良的家风。

3. 家长科学的教育理念和指导是学生健康成长和全面发展的重要影响因素

《全国家庭教育指导大纲（修订）》对家庭教育指导原则进行了完善，明确坚持思想性原则、科学性原则、儿童为本原则、家长主体原则，确保家庭教育指导始终坚持立德树人的正确方向。文件提出家庭教育指导的八条核心理念，包括"家庭教育重在教孩子如何做人""家庭教育是家长和儿童共同成长的过程""尊重儿童成长规律是家庭教育的前提""尊重和保护儿童权利是家庭教育的基础"等。本次修订还对每个年龄段家庭教育指导要点进行了修改调整。

也有研究从政府、科研工作者和相关机构方面，对家长教育的落实途径提出政策建议，特别指出：科研人员可以通过申请家长教育相关的课题项目，对家长教育的内容、途径、当前问题及应对策略等进行追踪研究和深度分析，进行大样本、大规模的测评调研，并深入到家庭中收集优秀的家长教育案例，梳理其背后存在的逻辑规律，通过真实的数据和生动案例总结出指导家长教育的理论，保证理论的实用性和正确性，获得高质量的研究成果。之后，科研人员可以和相关的专业机构进行合作，共同建立家长教育的专业指导团队，并将研究成果进行应用，帮助家长实现教育技能的提升。[1]

【案例】

中国古代家训中的家庭教育方法

古人主要是通过生活体验培养孩子符合社会规范的道德观念和行为习惯，主要方法有重视身教、严慈相济、道理阐释等。

一、重视身教。即"教育者在对受教育者施行思想道德教育的过程中，坚持以自身做楷模，给被教育者以示范启迪作用的教育方法"。古代家训中对身教多有提及，康熙帝在《庭训格言》中说："凡人有训人治人之职者，必身先之可也。《大学》云：'君子有诸己而后求诸人，无诸己而后非诸人。'特为身先而言也。"他从帝王的角度阐述了身教的重要性，在要求别人之

---

[1] 边玉芳，田微微. 对家长教育问题的思考与对策——基于《全国家庭教育状况调查报告（2018）》部分结果解读［J］. 中国德育，2019（3）：37-41+46.

前必须严格要求自己。正所谓"其身正,不令而行;其身不正,虽令不从"。"教子贵以身教,不可仅以言教",在肯定语言教导的同时,强调以身教为"贵"。明《郑氏规范》中要求:"为家长者,当以至诚待下,一言不可妄发,一行不可妄为,庶合古人以身教之之意。"司马光在《涑水家仪》中指出:"凡为家长,必谨守礼法,以御群子弟及家众。"家长在晚辈面前要注意自己的言行,起到身教的意图。在家庭教育中,父母是孩子人生中的首位老师,父母的言行将对子女品行、人格等产生重要而持久的影响。因此,家长在生活中要提升自己的道德水平,注意端正自己的言行,营造健康的家庭氛围和良好的家庭风气。上行下效,子女模仿父母,在潜移默化中自然会形成良好的品行。

二、严慈相济。古人在教育子女时认为应将慈爱和严厉结合起来。教育孩子时在情感上要慈爱,在态度上要严厉。《颜氏家训·教子第二》中提到了父母对子女的态度,"父母威严而有慈,则子女畏慎而生孝矣",父母对待子女应该既有威严又能关怀爱护他们,这样子女才会对父母敬畏、谨慎而孝顺。司马光曰"慈而不训,失尊之义;训而不慈,害亲之理;慈训曲全,尊亲斯备",阐明了家庭教育中严与慈的关系。父母只讲慈爱,不加以训教,就会失去身为长者的大义;若只严加训教而不慈爱,则丧失了骨肉相亲的天然之理,只有严慈相济,才能兼具大义和亲情。家庭教育应从严入手,严与慈相结合,父母在子女面前要严肃庄重,有一定威信,不能因为孩子小就一味溺爱和放任。善于教育子女的父母,能把对子女的爱护和教育结合起来,自然会收到良好的效果。相反,如果没有处理好两者关系,"无教而有爱",让孩子任性放纵,就必将铸成大错。

三、道理阐释。古人在教育子女时常用说理的方式,并且非常注意道理阐述和讲解的方式。司马光在《家范》中常引用历史故事劝导子孙,在说到"孝"时,引用了汉文帝孝顺母亲的故事,"汉文帝为代王时,薄太后常病三年，文帝目不交睫，衣不解带，汤药非口所尝弗进"。司马光用文帝的孝顺故事告诫后人百善孝为先。像这样运用故事的形式，充满感情的讲述更能打动人、感染人。在教导子女言语谨慎时，叶梦得在《石林家训》中提到"夫己轻以恶加人，则人亦必轻以恶加我，以是自相加也……轧于利害者，造端设谋，倾之惟恐不力；中之惟恐不深。而人之听言，其类不过二途：纯质者不辨是非，一皆信之；疏快者不计利害，一皆传之。此言所以不可不慎也……故将欲慎言，必须省事，择交每务简静，无求于事，令则自然不入是非毁誉之境"，深入浅出地讲述了为什么要谨慎，以及如果不这样做有可能导致的后果。

（选编自徐小琳《古代家训家庭教育思想探析》，《文教资料》2018年第27期）

第三节　德育资源的使用

德育资源分布广泛，但如何对德育资源进行挖掘、归纳、整合，如何有创造性地加以充分利用，这是德育工作者的重要研究课题，这对德育工作者要求较高。

1. 教师是德育资源使用的关键因素

许多学校和教师在教育教学的实践中面临着德育资源使用上的困惑，甚至有的人觉得偏远的农村学校就没有可利用的德育资源。事实上，一些条件艰苦的地区，依然存在着丰富的德育资源，只是我们缺少发现的眼睛。教师作为教学的主导者，在对学生的教育中起到了至关重要的作用，一个好的教师能够打造一个优秀的班集体。因此，德育资源需要我们用心去发掘，用爱去体会，用创造去丰富。

【案例】

曾经有一位农村教师，独自一人在风景秀丽的三峡地区的大山中教育学生。学校只有两间破旧不堪的教室，连粉笔都买不起，哪有什么一般人眼中的教育资源可言！这位老师每天和自己的学生一起，待在光线昏暗、摇摇欲坠的教室里苦读。没有现代设施，甚至连给学生阅读的课外书都没有。这位教师深深苦恼：自己教学中可以利用的资源和手段太少了，怎么能把学生教好呢？直到有一天，这位老师从偶然得到的一张废报纸中看到了一篇文章，他恍然大悟，原来自己身边还有这么丰富的教育资源啊：风景秀丽的山川给学生们提供了欣赏美、感受美的教育资源，也给孩子们提供了进行生物、植物、地理等知识学习的资源，周围的村庄、小镇、长江边的一切，能给孩子们多少新的体验和感悟啊。把孩子们带到大自然中去，能够发掘多少教育资源，能够让教育变得多么生动而丰富啊。从此，这位教师不仅在教室里上课，也开始和学生一起走出去，把自己的课堂扩展到了无限丰富的大自然。他让自己的学生不仅学会了很多书本上的知识，还活跃了思路，学会了热爱大自然、热爱家乡、热爱生活——这正是教育最值得称道的成功。

（选编自刘华蓉《教育资源：需要善于发现的眼》，《中国教育报》2002年4月3日）

从上面案例中，我们可以发现，德育资源无处不在，会思考、能创新的教育者会将身边的教育资源充分地利用起来。首先，资源意识是必不可少的。一些看上去与德育毫无关系的人、事、物，可能都是德育的重要资源，问题是我们是否具备这样的系统性的眼光。这就要求全体教师应当具备发现、搜集和使用资源的意识。其次，拥有整合资源的能力。这是有效利用德育资源的基础。德育资源的开发和利用重在学校，落实在教师。因此，各学科教师都应当勇担责任使命，将德育资源的开发落实到具体的教育教学实践之中。

2. 把握使用的教育性原则

道德价值判断有"好"与"坏"，在效果上有"有用"和"有害"之分。在德育工作方法中，"好"资源并不一定都能带来正面的教育影响，资源在价值观上的"坏"也不一定能够给德育带来负面影响。这必须要求我们在资源使用上把握教育性原则。道德教育是一个大系统工程，德育资源的使用也有各种形式和途径。从形式上看，德育资源的使用，可以单刀直入，也可以潜移默化，效果有的可以立竿见影，及时发挥作用，有的也需要在较长时间之后才会显现。从途径上看，可以在课程教学中使用德育资源，也可以在实践活动中使用德育资源，更可以在专门课程教学中大量使用。无论是哪一种形式，哪一种途径，其最终的目的是辅助育人活动，提高育人实效，而不是为了使用而使用。因此，这就要求教师在教育教学过程中，应当充分地利用各种资源，实现德育目的，并且将具有正向促进作用和负向警示作用的道德资源的价值最大化。

3. 坚持使用的开放性原则

当前，学生获得信息、了解世界的渠道大大增多了，学校、老师在影响他们思想品德发展方面的作用越来越小，所以要从社会发展要求的道德规范出发，从青少年自身的健康成长出发，构建学生个体、学校、家庭、社会一体化的德育资源网络。[1] 在观念上，要树立大资源观。在资源的使用上，要坚持开放包容多元的思维，密切联系学生生活实际、切近社会现实，适时根据变化调整选取德育资源和实施德育的方法，从而使德育资源的使用更加密切结合实际，适应实际，更易于学生认知、认同和践行。

【资料】

德育资源开发与利用的一般流程

一般来说，德育资源开发与利用的实践活动包括以下基本流程：

第一步，确定目标。德育是以促进学生的德性成长为主要目标，因此，德育资源的开发要以促进学生的德性成长这一目标为依据。依据这一总目

---

[1] 孟杰.德育资源及其价值探析[J].长春教育学院学报，2015，35（1）：57-59.

标，设立相应的、具有可操作性的具体目标。

第二步，寻找和评估德育资源。首先，要对自己学校所具有的德育资源有较为清楚的了解。其次，要对学校所在地的社区乃至社会德育资源有一个大概的了解和掌握。最后，要对寻找到的德育资源的价值进行评估。评估一般经历这样几个步骤：先是对德育资源进行描述、列举，在内心将各种资源摆出来；然后进行比较，比较德育资源与实现德育目标的相关程度，比较德育资源间的优越程度，比较开发与利用的难度和条件，为进一步的开发与利用创造条件。

第三步，选择、开发与利用德育资源。德育资源的选择应该体现优先原则。首先是效果优先；其次是利用优先。

第四步，德育资源开发与利用效果的检查与评价。检查与评价的方式主要有两种：一种是即时检查与评价。这种方法就是在运用资源过程中，随时进行的评价。一种是事后反思。反思的主要内容是德育效果，看德育效果与德育具体目标之间的符合程度。

（选编自段兆兵《论课程资源开发与教师专业成长》，硕士学位论文，西北师范大学，2003，第16—18页）

未来，在大德育观、大资源观的发展前提下，家校社协同育人的育人网络日益形成。德育资源的使用主体将不仅仅局限于学校，还有社会，特别是家庭。只有家庭、学校和社会都有意识且自觉地利用各种时机和场合，开展道德教育工作，协同形成有利于学生品德养成的生活情景和社会氛围，全社会的德育资源的影响才会像空气一样无所不在、无时不有。人们对德育资源的使用又将达到一种"日用而不知"的状态。

结　语　新时代学校德育工作和德育研究的新气象

党的十八大以来，以习近平同志为核心的党中央高度重视教育事业，习近平总书记就教育改革发展提出一系列新理念新思想新观点。习近平指出："要努力构建德智体美劳全面培养的教育体系，形成更高水平的人才培养体系。要把立德树人融入思想道德教育、文化知识教育、社会实践教育各环节，贯穿基础教育、职业教育、高等教育各领域，学科体系、教学体系、教材体系、管理体系要围绕这个目标来设计，教师要围绕这个目标来教，学生要围绕这个目标来学。"[1]为实现全员、全过程、全方位育人的新格局，新时代学校德育工作和德育研究也随之出现了一系列新气象。

一、学校德育工作的新气象

1. 德育的重要性更加凸显

党的十八大提出把立德树人作为教育的根本任务，至少有两层重大意

---

[1] 张烁.坚持中国特色社会主义教育发展道路　培养德智体美劳全面发展的社会主义建设者和接班人[N].人民日报，2018-09-11（1）.

义。第一，进一步提高了德育的地位。由德育为先到德育为根，预示着德育与其他诸育的关系由之前的并列关系转变为德育贯穿于其他诸育之中，德育的重要性不言而喻。第二，进一步明确了教育的任务。从教书育人到立德树人，将一个有关教育的表象表达，即教育就是通过教书来实现育人的目的，转变成不再拘泥于通过教书而育人。这为突破应试教育的困境提供了依据。

2. 德育的方向性更加明确

第一，更加强调教育的意识形态属性。习近平总书记在2018年的全国教育工作会议上指出："教育是国之大计、党之大计。"[1] 把好教育的意识形态关是中国共产党实现立党为公、执政为民的重要保证，也是国际社会激烈的意识形态斗争的必然要求，更是教育领域讲好中国教育故事，发出中国教育声音，形成中国特色教育理论，树立中国教育形象和品牌的根本需要。第二，德育工作的方向更加明确。党的十八大以来，我国出台了一系列政策文件，围绕培养什么人、怎样培养人、为谁培养人等问题，系统设计规范了德育内容、途径、方法，基本解决了立什么德、树什么人、怎么立德树人等根本问题。譬如，就"立什么德"，提出培育和践行社会主义核心价值观；就"树什么人"，提出"教育必须把培养社会主义建设者和接班人作为根本任务，培养一代又一代拥护中国共产党领导和我国社会主义制度、立志为中国特色社会主义奋斗终身的有用人才"[2]；就"怎么立德树人"，提出"六个下功夫"，提出健全立德树人落实机制，构建全面培养的教育体系，构建更高水平的人才培养体系等。2019年，《新时代公民道德建设实施纲要》《新时代爱国主义教育实施纲要》的颁布与实施，

---

[1] 张烁.坚持中国特色社会主义教育发展道路 培养德智体美劳全面发展的社会主义建设者和接班人[N].人民日报，2018-09-11（1）.

[2] 同[1].

更加立体地设计了道德教育的内容与途径。

3. 德育的科学性更加迫切

从宏观层面看，如何构建以社会主义核心价值观为引领的大中小幼一体化德育体系，是一个庞大的系统工程，如何螺旋上升地设计好课程编好教材、循序渐进地上好课，需要社会学、教育学、文化学甚至是脑科学的支持。从中观层面看，在强化教育意识形态属性的今天，学校如何把中央精神以学生能够接受的方式落实好，是个挑战。这需要德育工作者既拥有强烈的政治觉悟，也拥有科学态度和专业精神。从微观层面看，对于教师而言，要努力做到让每一堂课不仅传播知识，而且传播美德，让每一次活动不仅健康身心，而且陶冶性情，这也需要教师的专业成长。无论从宏观、中观还是微观层面分析，德育地位的空前提高和德育工作的极端复杂性，都需要我们加强德育工作的顶层设计和科学研究。

二、学校德育研究的新气象

1. 德育课程一体化研究

德育课程一体化的核心任务是构建以社会主义核心价值观为引领的大中小幼德育课程一体化体系。具体含义指"纵向上统筹小学、初中、高中、大学各学段，根据学生的认知规律和成长规律，从浅及深、从小到大、由近及远、梯次推进、系统衔接，实现学段之间的有机衔接；横向上统筹各学科和校内外各项实践活动，挖掘学科和实践活动蕴含的德育因素，实现全科育人"[1]。

---

[1] 山东构建"四位一体"德育课程实施体系［EB/OL］.［2019-07-26］. http://www.moe.gov.cn/jyb_xwfb/s5989/s6635/201707/t20170714_309355.html.

2. 德育活动特色化研究

活动对于道德教育十分重要。从某种意义上说，与其他学科课程相比，活动课程实际上是道德教育最关键、最重要的组织形式。当前，几乎所有学校都在开展德育活动，全国范围内也形成了一大批丰富多彩、形式多样的德育活动案例。但每所学校要做到"人无我有，人有我优"，还有一段很长的路要走。其关键就是要走特色化发展的道路。如何特色化发展？必须基于学校、学生和教师的实际情况，以落实自己学校的办学理念或者解决自己学校的实际问题为出发点和最终归宿，科学地、系统地设计德育活动，形成品牌。这个过程，离不开科学研究。

3. 教师德育专业化研究

当前，构建全员育人、全过程育人、全方位育人的德育工作格局，对教师提出了更高的德育专业化的要求。提高德育专业化水平归根是要提高全体教师的德育专业化水平。这包括全体教师的德育专业化和德育教师的专业化。为此，2018年1月，中共中央、国务院颁布《关于全面深化新时代教师队伍建设改革的意见》，强调："突出师德。把提高教师思想政治素质和职业道德水平摆在首要位置……突出全员全方位全过程师德养成，推动教师成为先进思想文化的传播者、党执政的坚定支持者、学生健康成长的指导者。"2018年2月，教育部、国家发展改革委、财政部、人力资源社会保障部、中央编办联合印发《教师教育振兴行动计划（2018—2022年）》，提出十大行动，师德养成教育全面推进行动被列为首要行动。2018年9月，在新时代第一次全国教育工作会议上，习近平总书记提出："教师是人类灵魂的工程师，是人类文明的传承者，承载着传播知识、传播思想、传播真理、塑造灵魂、塑造生命、塑造新人的时代重任。"[1]

---

[1] 张烁.坚持中国特色社会主义教育发展道路 培养德智体美劳全面发展的社会主义建设者和接班人[N].人民日报，2018-09-11（1）.

国家空前重视教育队伍建设，空前重视师德师风。因此说，实现教师德育专业化是贯彻中央精神和落实国家政策的应有之义，是提升教师职业荣誉感的现实需要，是教师职业和个人发展的重要路径，迫切需要推进和加大研究。

4. 德育内容综合化研究

不同历史时期和不同国家、不同文化的德育内容是各不相同的。当前，我国学校德育实践中，以社会主义核心价值观教育、爱国主义教育、集体主义教育、公民教育、法治教育、安全教育、革命传统教育、中华优秀传统文化教育等为主要内容的教育活动普遍存在。无论从理论研究还是实践操作来看，这些内容之间必然是相互融合和交叉的。以《中小学德育工作指南》中明确的理想信念、中华优秀传统文化、社会主义核心价值观、心理健康和生态文明等五大德育内容来看，它们既是德育的任务，也是德育的内容，彼此之间更是互为依托、互为支撑、互相关联的。譬如，开展理想信念教育，可以社会主义核心价值观或者中华优秀传统文化为素材，也可以革命传统教育、法治教育为载体。其他德育内容亦是如此。因此，德育内容综合化的趋势愈加明显，需要我们加以重视。

5. 德育途径立体化研究

学生成长的影响因素本身就是一种立体的、重叠的存在。这种影响有来自学校、家庭的，还有来自社会的；从主体来说，有来自同伴的，也有来自教师、家长的；甚至是来自突发的、随意的事件的影响。我们的任务就是通过有组织、有计划的实施，让这些影响源对学生所产生的影响最大化地积极有效起来。《中小学德育工作指南》明确了课程、文化、活动、实践、管理和协同等六大育人途径。这六大育人途径，每一种途径都是具有丰富内涵和空间的育人手段，需要加以区别与关联；同时它们之间也并不是并行的，它们彼此之间是有多种排列组合的，是一种立体性的存在，也需要我们从机制体制上探索和研究发挥各种育人途径优势的保障条件。

6. 德育评价多元化研究

教育评价相对滞后，德育评价更是如此。但随着道德教育被日益重视，评价将会愈加受到关注。当前，德育评价有定性评价，如激励性评价、操行评语等，也有定量评价，如打分、考试等形式。也有少数学校探索与应用道德两难故事法、情景测试法。这些都说明德育评价已经开始走向多元化。另一方面，德育工作的特殊性决定既要看重德育评价，又不能太倚重德育评价，特别是在德育评价科学性发展还很滞后的情况下，行政部门或学校太过倚重德育评价的结果可能存在危险。因此，对德育评价的认识及其应用也要多元一些。不能只看到它积极的一面，更要警惕其消极的方面。这些方面，不仅需要研究推进德育评价的科学性，同时也需要相关研究对德育评价结果应用进行舆论引导。

新时代开启新气象，新气象承载新使命。学校德育实践和德育理论研究的新趋势，都要求德育工作者必须把握趋势，因势积极作为，努力担当起培养时代新人的光荣使命。

参考文献

（一）图书

[1] 何东昌.中华人民共和国重要教育文献（1949—1997）[G].海口：海南出版社，1998.

[2] 何东昌.中华人民共和国重要教育文献（1998—2002）[G].海口：海南出版社，2003.

[3] 何东昌.中华人民共和国重要教育文献（2003—2008）[G].北京：新世界出版社，2010.

[4] 高宝立.迈向新时代的中国教育科学[M].北京：教育科学出版社，2018.

[5] 班华.现代德育论[M].2版.合肥：安徽人民出版社，2001.

[6] 檀传宝.学校道德教育原理[M].北京：教育科学出版社，2000.

[7] 袁元，郑航.德育原理[M].广州：广东高等教育出版社，1998.

[8] 戚万学，杜时忠等.现代德育论[M].济南：山东教育出版社，1997.

[9] 康德.康德教育论[M].瞿菊农，译.北京：商务印书馆，

1926.

[10]《中国教育年鉴》编辑部.中国教育年鉴（1982—1984）[M].长沙：湖南教育出版社，1986.

（二）报纸杂志

[1]陈元晖.中国教育学七十年[J].北京师范大学学报，1991（5）：52-94.

[2]蔡中华.新时代爱国主义教育的思维向度[J].中国德育，2020（3）：23-27.

[3]佘双好.现代德育课程研究的基本理论[J].学校党建与思想教育，2002（23）：20-22.

[4]周彬，高星原.学校德育变革30年：困境与突破[J].教育科学研究，2009（3）：29-33+42.

[5]金淑芹.怎样组织升旗仪式[J].中小学管理，1998（12）：40.

[6]郑汉良.提升国旗下讲话教育效果应对策略[J].中国教育学刊，2014（7）：106-107.

[7]王北生，李中亮.18岁成人仪式教育：进展、问题及改进建议[J].教育研究，2010，31（5）：23-27.

[8]王春霞.明确家庭教育重在教孩子如何做人[N].中国妇女报，2019-05-20（1）.

（三）参考网站

[1]习近平系列重要讲话数据库：http://jhsjk.people.cn/article

[2]中国人大网：www.npc.gov.cn

［3］中国政府网：http://www.gov.cn

［4］中国共青团网：www.gqt.org.cn

［5］中国少年先锋队网站：http://zgsxd.k618.cn

［6］中国文明网：http://www.wenming.cn

［7］教育部官网：http://www.moe.gov.cn

［8］人民网：http://cpc.people.com.cn

［9］人民日报图文数据库：http://data.people.com.cn/rmrb

［10］上海市人民政府网：https://www.shanghai.gov.cn

后 记

本书落笔之时，正值笔者由《中国德育》主编调任中国教科院督导评估研究所所长之际，在《中国德育》四年的经历成就了本书的写作框架、思路以及部分内容（部分素材主要来自《中国德育》微信公众号中的德育大事记2017—2019）。本书的出版，是对这段时光的最好回顾与纪念。

本书的写作，也得到了许多同行的帮助与鼓励。其中，曾妮（北京理工大学，博士后）承担了本书第三、四章的写作任务；张璐（北京市亦庄实验小学，硕士研究生）提供了本书第一章、第五章的素材。本书得以出版，是对志同道合者一起共事的最好回报与感谢。

最后，还要感谢教育部教育发展研究中心副主任陈如平研究员的精心策划与无私指导，感谢山东友谊出版社的支持以及王俊杰、王洋等编辑对书稿得以最终出版所作出的巨大努力和付出的辛勤劳动。